Die
Würstchenbude
30.000 Km mit dem VW-Bus von Berlin bis Nepal und zurück

Hartmut Roderfeld

Fotos Hartmut Roderfeld, Wolfgang Pospiech

Nur so:
Ich habe das Buch „Haschwärts" genannt, obwohl nur
Ede gelegentlich Hasch rauchte. Aber der Titel verkauft
sich so sicher besser :-)))
Der ursprüngliche Titel war „Die Würstchenbude", denn
das war der VW-Bus wohl mal, mit der Doppeltür links
und rechts einer großen, nach ober zu klappenden
Seitenwand.
Damals war Hasch in Afghanistan und Nepal legal und so
begegneten wir einigen Europäern, die tatsächlich
haschwärts reisten.

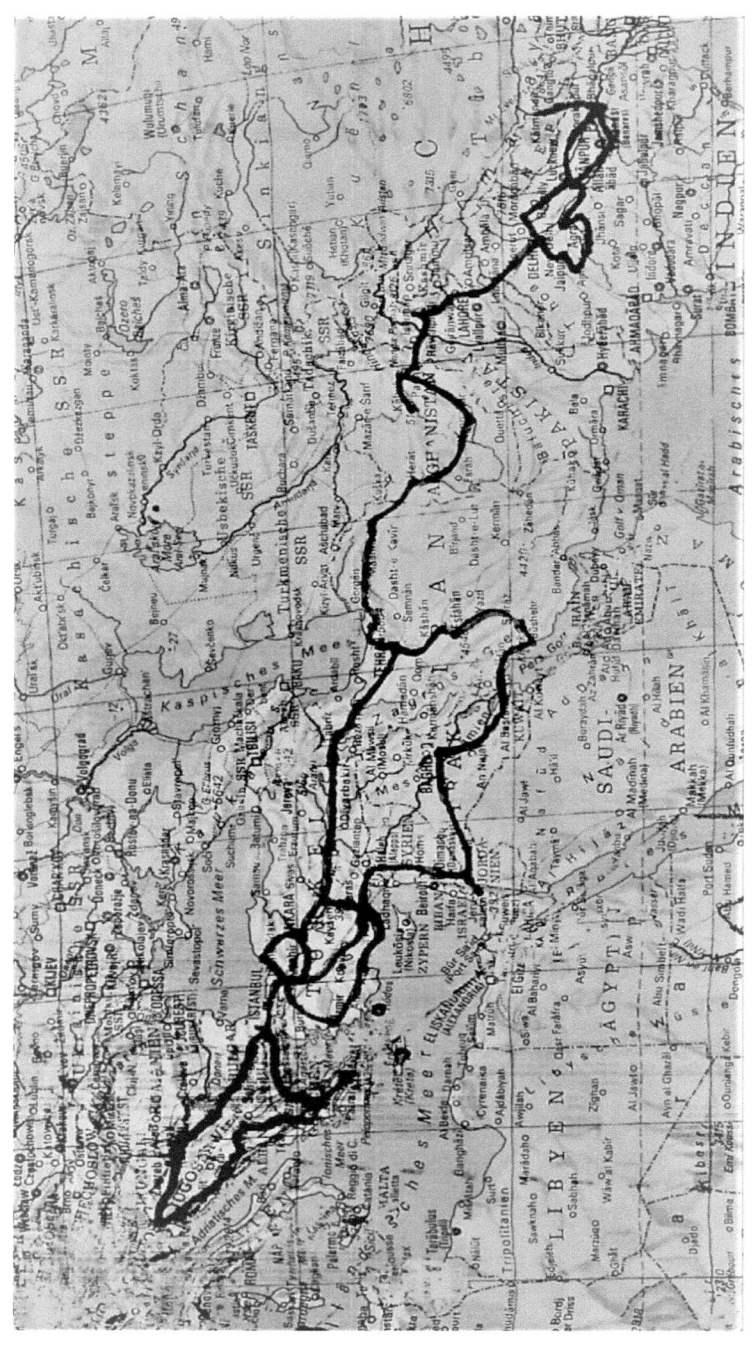

Es war einmal, 1972.
Verdammt und ist nicht mehr möglich, heutzutage.
Warum? Weil einige Leute daran verdienen, Krieg zu machen und oder Ihre Egos zu befriedigen!

Trotzdem möchte ich Euch eine Geschichte erzählen, von vier jungen Männern, die mit einem alten VW-Bus über Land nach Nepal fuhren und dabei vier Motoren verbrauchten.
Aber sich einen Traum verwirklichten.
Für sich selbst.
Und die hinterher sagten, es war wichtig.
Für sie selbst.

Aber fangen wir an, denn ich war einer von ihnen und weiß, wovon ich rede.
Die anderen waren Udo Biernat, Wolfgang (Ede) Pospiech und sein Bruder Werner (zeitweise).

Und ich weiß, dass es heute noch möglich wäre, wenn die Leute erschossen würden, die Unheil anzetteln und nicht die unschuldige Bevölkerung, die nur in Frieden ihre Felder bestellen möchten.
Aber das ist eine andere, uralte Geschichte.

Wollen Sie wissen, wo wir langfuhren? Damals.
Wir starteten in Berlin und durchquerten eine perverse Grenze, von denen es heute immer mehr gibt. Diese nicht mehr. Manchmal siegt der Verstand.
Weiter durch Österreich und Italien. Jugoslawien, gibt es so nicht mehr, Griechenland, Türkei, Iran, kein Kommentar, auch wenn der Glaube viel erklärt aber

nichts entschuldigt. Afghanistan, was soll man sagen.
Pakistan, Indien, Nepal. Zurück wieder durch Indien,
Pakistan, Iran und dann Irak. Jordanien, Israel, Libanon,
Syrien und wieder die Türkei. Der Kreis hatte sich
geschlossen.
Alles klar, versuchen Sie diese Tour heute nicht.

Inhaltsverzeichnis:

Vorbereitung

Die Zahl der Reisewilligen schwankt, während der Planung zwischen vier und sechs, als die Arbeit anfängt blieben Udo, Ede, Werner und ich übrig.

Zuerst müssen wir ein Auto finden, was aber bei den geringen geplanten Kosten, kein einfaches Unterfangen ist.
Nach einigen Wochen besichtigen wir einen VW-Bus.
12 Jahre alt, kein TÜV.
Aber wer spricht da von Bus?
Seine Merkwürden hat die Doppeltür statt rechts auf der linken Seite.
Aha, englische Ausführung.
Irrtum.
Das Lenkrad ist links. Baufehler? Montagsproduktion?
Nein, das Gefährt entpuppt sich als ein ehemaliger Imbisswagen.
Rechts hat es keine Fenster, sondern eine Klappe, die man ab halber Wagenhöhe nach oben aufklappen kann.
In einer Würstchenbude nach Nepal?
Wohl nichts.
Wir verabschieden uns und gehen, da es schon spät ist, ein paar Bier trinken.

Aber irgendwie ist Udo und Werner das Bier nicht bekommen.
Plötzlich meint Udo, man könne ja Fenster in die Klappe schneiden, und Werner will sie in warmen Gegenden ganz abmachen.

Jedenfalls entdecken wir proportional zur Biermenge die Vorzüge der Würstchenbude.

Die Reifen sind fast neu. Prost.

Herr Ober, noch ein Bier.

Die kleine Gepäckbrücke und die Einrichtung lassen sich vielleicht noch verkaufen?

Bedienung! Sollen wir verdurschten?

Vorne sind zwei Einschelsichtze mit Schischerheitsgurten.

Frau Wirtshaus!

Der Wagen ist vom Besitzer schon mal zum TÜV gebracht worden.

Zwar durchgefallen, aber jetzt wischen wir, was gemacht werden muß.

Drei Bier, Hicks.

Außerdem ist er Innen mit Holz ausgekleidet, und zwischen Blech und Holz ist Styropor. Gute Isolierung.

Sechs Bier für meine vier Freunde und mich zwei!

Aber dalli!

Und so ein netter Mensch, der Verkäufer. Hicks.

Und er schtudiert auch Pschyschik an der Unität.

Bedienung.

Und ich will endlich einen Busch haben!

Schluchts. Hicks.

Also gehe ich zum Telefon und wir verabreden uns mit dem Besitzer noch einmal für morgen.

Uns so wird dann doch das Gefährt für 450.- DM der unsere.

Stellen Sie sich vier Typen, ein Schrottauto und viel guten Willen und wenig Geld vor.

Das heißt nämlich: Drei Monate Arbeit in jeder freien Minute.

Nebenbei müssen wir jobben, um Geld zu verdienen und die Uni geht auch noch weiter.

Ede liegt unter dem Auto und entrostet den Unterboden mit Hammer und Drahtbürste. Dabei hat er sich eine Taucherbrille aufgesetzt, um nicht allen Dreck in die Augen zu bekommen, denn er wird halb verschüttet. Trotzdem bleiben erstaunlicherweise Reste vom Boden erhalten.

Udo schmiert die Längsträger mit Beton aus und modelliert sie nach. Endlich täuschen Glasfibermatten, Polyester und Unterbodenschutz einen Unterboden vor. Feinarbeiten wie die Scheinwerferreflektoren oder elektrische Probleme regen uns kaum noch auf.

Zwischendurch bohrt mir Udo mit der elektrischen Bohrmaschine in die Hand, als ich ein Blech festhalte, dass er von der anderen Seite anbohrt.

Ich weiß gar nicht, wer von uns beiden blöder aus der Wäsche guckt. Dabei blutet es gar nicht und wir können uns den Knochen ansehen. Erst nachdem ich die Hand unter kaltes Wasser halte, strömt mein Lebenssaft heftig los und wir müssen einen dicken Druckverband auflegen, der aber wieder durchgeblutet ist, bis wir bei meinem Hausarzt ankommen. Letztlich macht der aber auch nichts anderes als wieder die Hand zu verbinden.

Udo schweißt noch einiges. Wenn das alte Blech anfängt zu fließen, ist das neue erst angewärmt. Ist letztes weißglühend, ist das alte Blech schon lange nicht mehr vorhanden. Udo ist ziemlich verzweifelt und deshalb müssen wir dann halt die Bleche nieten.

Wir schmieren anschließen dick Unterbodenschutz drauf.
Und so naht der TÜV Termin.
Unser Angstschweiß tropft und der Techniker hämmerte
irritiert auf den Trägern herum. "Ich weiß ja nicht, was
das ist, aber es hält ja offensichtlich" meint er nur.
Wir bekommen die begehrte Plakette.

Der Wagen soll auf Udo zugelassen werden, wegen der
billigen Beamtenversicherung seines Vaters. Dieser
verweigert aber seine Unterschrift und die Mutter lädt uns
vor, immer wollen wir ihr armes Kind missbrauchen,
damit aller kommende Ärger mit dem Bus an ihm hängen
bleiben würde.
Aber so nicht. Nicht mit ihr. Sie hat unsere schmutzigen
Tricks durchschaut.
Wir finden uns nicht zum Rapport ein und melden das
Auto auf Ede an.

Wir basteln weiter. Die Inneneinrichtung, eine
Reserveradhalterung vorne am Bus und was noch so nötig
ist oder uns nötig erscheint. Dabei werden unsere
Ansprüche mit nachlassender Lust geringer.
Die Unzuverlässigkeit von Udos Bruder ist zuverlässig,
wir bekommen das Holz nicht billiger.
Wir setzen einen weiteren kleinen Dachgepäckträger aufs
Dach.

Der Motor wird ausgebaut und durchgesehen. Trotzdem,
dass Werner jedem von uns Dreien erzählt, die anderen
zwei Kumpel wären auch dagegen, denn er hat keinen
Bock.
Es kommt raus - wie auch der Motor.

Die Inneneinrichtung besteht jetzt aus einer durch gehenden Liegefläche hinter den Vordersitzen mit viel Stauraum darunter.
Es soll ja eigentlich auch nur zum Schlafen sein, denn überwiegend werden wir uns wohl außerhalb aufhalten, wenn wir nicht gerade fahren.

Schenken wir uns die Streitereien bei den Einkäufen der Lebensmittel, denn wer war nicht da, wie versprochen.
Warum mussten wir warten bis einer endlich den alten Ersatzmotor besorgt hatte.
Wer hatte wen versetzt.
Wer hatte die Farbe für den Innenanstrich weggeräumt.
Wer kam mit den Gardinen erst am Abfahrtstag an.
Egal, wir sind fertig.

Autoput und Co

Aber jetzt fahren wir tatsächlich. Km-Stand 7110 (plus 100000), 12. Juli.

An der Grenze will der DDR-Zöllner die amtstierärztliche Untersuchung für den Hund sehen, der hinter auf der Liegefläche liegt. Jedenfalls so lange, bis der Hund zwischen den Schlafsäcken hervorkriecht und sich als Werner entpuppte. Haha, wauwau.
Selbst der Grenzer findet das komisch, auch wenn es nicht in seiner Dienstvorschriften steht.
Ich glaube, Werner sollte es mal mit einer Rasur versuchen.
Oder was würde dann zum Vorschein kommen?

Österreich. Wir bringen die Halogenscheinwerfer oben an der Dachgepäckbrücke an. Wegen Steinschlag und so.
Bei uns ist das verboten.
Außerdem sieht der Wagen dann im Dunkeln bei den zu erwartenden Duellen mit Entgegenkommenden größer aus, wenn das Licht so hoch ist. Vielleicht.

Km-Stand 8513. Autoput in Jugoslawien.
Eigentlich sind wir doch noch nicht weit gefahren.
Jedenfalls sagt Udo nur noch Scheiße und das Auto gar nichts mehr, nachdem es vorher fürchterlich im Motor gerappelt hat.
Uns anderen verschlägt es auch die Sprache.
Wir rollen im Leerlauf an den Straßenrand.

Udo nimmt einen Ventildeckel ab und hat Recht. Scheiße.
Nicht im Motor, aber dafür ist das berühmte, übliche
Ventil am dritten Zylinder gebrochen.
Wir gehen schlafen, es ist dunkel.
Am nächsten Morgen, immer in Übung bleiben, kommt
der Motor raus.

Es ist nicht nur das Ventil gebrochen, es hat der Voll-
ständigkeit halber gleich den Kolben durchschlagen und
das Kurbelgehäuse zertrümmert. Nur keine halben
Sachen.
Aber wir haben ja noch den alten Ersatzmotor dabei, der
jetzt eingebaut wird.
Schön ist es neben der Straße nicht, selbst wenn wir den
Wagen 100 Meter auf einen Feldweg geschoben haben,

um nicht von LKW`s, eingeschlafenen Urlaubern und überladenen Kleinbussen der Gastarbeiter in Richtung Süden überrollt zu werden. Genug Beispiele haben wir schon gesehen.

Die brauchbaren Teile von Motor Nummer eins bleiben an Bord. Man kann nie wissen.

Wenigstens regnet es nicht mehr.

Wie sagt man doch: Positiv denken.

Wir donnern bis Istanbul durch, zwei ruhen, zwei fahren.

Nur einen Stopp legen wir kurz vorher am Meer ein.

Die Einsamkeit ist herrlich, gleich sind wir von Menschenscharen umgeben.

Trotzdem schrubben wir den Motordreck mit viel Seife von uns runter.

Ich rasiere mich sogar und verführe auch Udo dazu.

Er sieht hinterher aus wie ein abgestochenes Schwein und schwört, sich nie mehr nass zu rasieren.

Mein Rasierwasser auf den Schnitten begeistert ihn auch nicht. Eigenartig.

Ein paar Bier, eine warme Suppe, es geht weiter.

Wir haben uns vorgenommen, Istanbul auf der Rückreise ausgiebig anzusehen

Irgendwer fragt: Was für eine Rückreise - böse Vorahnungen?

Schnell finden wir die Autofähre.

Werner und ich bestellen uns ein Sandwich und Ayron, eine Art Dickmilch. Es schmeckt uns gut. Also überreden wir auch Udo zu Ayron.

Udo < Wie kann man nur alte vergammelte Milch trinken? Igitt.
Zwei Stunden später wird mir schlecht.
Anhaaaalten.
Wieder raus mit dem Zeug. Jetzt geht es mir etwas besser.
Wie war das mit den bösen Vorahnungen?

60 Km vor Ankara muss ich noch mal dringend raus.
Ich fühle mich etwas abgespannt und beantrage eine Pause.
Ede breitet eine Decke aus und wir legen uns gemütlich hin.
Man liegt so da und denkt, da erstarren plötzlich die Gedanken. Es kraucht etwas Gummihaftes, Kühles von hinten in meine Hose.
Panik. Ich mag keine Eidechsen in der Hose.
Ich dresche mit der einen Faust auf dem Untier rum und reiße mit der anderen die Hose herunter.
Dabei fühle ich, wie die Eidechse seltsam lang wird.
Ich bin einem Herzinfarkt nahe. Schlangen mag ich noch weniger in der Hose.
Und tatsächlich fällt eine rund 75 cm lange Schlange auf den Boden und verschwindet in die eine Richtung, ich stolpere in die andere.
Die Stelle, wo das Viech in meiner Hose, besser auf meiner Haut gelegen hat, spüre ich noch nach Stunden.
Die dummen Sprüche meiner mitfühlenden sogenannten Freunde, bauen mich auch nicht auf. Sie wären so ein Gefühl, jedenfalls vorne, gewöhnt. >

Wenigstens hat Udo trotzdem noch festgestellt, dass wir an einem Hinterrad Öl verlieren.

In Ankara ist alles geschlossen. Sonntag.
Also repariert Udo den Simmering selbst.
Mühsam ist es nur, bis wir uns auf einer Tankstelle soweit
verständlich machen können, dass wir Getriebeöl
bekommen.

Udo < Es wird weiter gehenkert.
Die Sonne brennt, am Straßenrand gibt es Melonen.
Aber Hartmut hat keine Lust anzuhalten und brettert
weiter.
Die Sonne brennt immer mehr.
Hartmut hat Appetit auf eine Melone.
Melonen gibt es schon lange nicht mehr.
Ob der die Reise überlebt, sind wir anderen uns nicht
sicher.
Der Tuz Golü kommt in Sicht, die Straße wir zusehens
schlechter.
Lastwagen donnern vorbei. Staub.
Der Motor setzt aus.
Schon wieder !!!!!
Ich entdecke den Fehler an der Zündspule. Und während
ich den Schaden notdürftig behebe, macht Ede Kunst-
fotos. Eigentlich sollte man ihn dabei fotografieren.
Die Sonne brennt unvorstellbar auf der Salzfläche des
Sees.
Endlich im nächsten Ort können wir Melonen kaufen, Tee
trinken und die Zündspule wechseln.
Weiter geht es, bis wir einen schönen Platz zum rasten
finden.. Bach, Brücke, sternklarer Himmel.
Sollte man in diesen Gegenden nicht Durchfall haben?
Aber mir ist es eigentlich egal, ob ich am Schlangenbiss
oder Verstopfung sterbe. >

Wir erreichen die Höhlenstädte von Derinkuyur.
Es ist einfach toll. Das muss man gesehen haben.
Die Berge sehen aus wie Schweizer Käse und manche von den Höhlen in den Bergwänden werden noch bewohnt.
Das ist ja auch gar nicht dumm gedacht, denn die Höhlen sind im Sommer angenehm kühl.
Wir stöbern in einigen unterirdischen Gängen mit Taschenlampe herum. Natürlich den dunklen, nicht markierten. Macht ja auch viel mehr Spaß.

Und dann Göreme.

Die Gegend ist übersäht mit hohen kegelförmigen, weißen Felsen, teils mit dunklen Mützen, wie auf einem anderen Stern. In diese Felsen wurden Kirchen und Wohnungen geschlagen.

Wir wundern uns, dass abseits des Touristeneingangs keine Zäune sind. Also probieren wir einen Schleichweg, biegen um

eine Ecke und........da steht ein angeketteter Ziegenbock, der uns nicht auf dem schmalen Weg vorbei lässt und bösartig aussieht.
Na denn nicht. Außerdem habe ich mir Göreme schon auf einer früheren Reise angesehen.

In Kayseri schleppt uns ein deutsch sprechender Türke in einen Teppichladen.
Leider haben wir kein Geld, auch wenn die Stücke wunderschön und nicht teuer sind, soweit wir das beurteilen können.
Aber was nützt ein Teppich, wenn wir dann nicht weiterfahren können, weil wir pleite sind.
Fliegende Teppiche hat er leider nicht.
Immerhin zeigt er uns anschließend trotzdem noch die Stadt und ein einfaches aber gutes Restaurant.

Im Übrigen sitzen wir jetzt während der Fahrt auf dem Autodach auf den Ersatzreifen. So lässt es sich gut aushalten. Nur der Fahrer schwitzt weiter im Auto.
Man kann sogar durch das Schiebefenster nach oben und unten klettern ohne anhalten zu müssen.

Udo hat inzwischen noch die Federung vorne rechts mit den Resten eines Reifenmantels repariert.
Jetzt schlägt unsere Würstchenbude nicht mehr so oft durch, was bei den Straßen sehr angezeigt ist.

Wir gönnen uns ein Bad im Van Golü.

Als Werner dann fahren soll, besteht er darauf, dass wir unser Haustier entfernen.

Ein wunderschönes getrocknetes Insekt, Flügelspanne rund 10 cm, das wir neben die Benzinuhr genagelt haben und das dort schon länger steckt, damit es nicht kaputt geht.
Warum er erst jetzt darauf kommt, weiß der Teufel.

Hinter Dogubayazit suchen wir ein altes Schloss, finden es aber nicht.
Dafür einen schönen Nachtplatz auf einem Nebenweg.

Ede hat Schüttelfrost und ich leiste ihm Gesellschaft beim Essen von Kohletabletten mit schwarzem Tee ohne Zucker.
Außerdem macht mir Udo einen kalten Umschlag an der linken Wade. Vor zwei Tagen hat mich da ein Insekt gestochen und inzwischen ist die ganze Wade rot.
Uns geht es richtig gut. Wir leben ja noch.

Im Reiche der Iman

21. Juni, wir erreichen die persische Grenze bei Bazargan.
Es geht erstaunlich gut, nur beim Vergleich der Motor-
nummer mit unseren Papieren stutzen die Grenzer. Aber
wir können ihnen die Reste des ersten Motors ja zeigen.
Das Auto wird in meinen Pass eingetragen, obwohl es auf
Ede zugelassen ist. Aber das Carnet läuft auf mich.

Rund 50 km hinter der Grenze machen wir Halt an einem
wild strömenden Bach und nehmen ein Bad.
Es ist herrlich.
Ohne Klamotten lassen wir uns vom kühlen Wasser
durchpeitschen. Später muss ich allerdings nochmal mit
meinen Sachen in den Bach, denn meine Holzlatschen
treiben ab und ich muss hinterher springen.
Ich trockne mich auf dem Autodach im Fahrtwind.

Preisrätsel. Was ist das?
Bsssssssss, Klatsch, Scheiße.
Bsssssssss, Klatsch, Hehehehe
Antwort: Udo beim Fliegenfangen.

Die Straßenverhältnisse sind jetzt ausgezeichnet, so dass
wir beschließen, bis Teheran durchzufahren.

Es ist heiß, sehr heiß, aber Brunnen wie in der Türkei gibt
es nicht und Wasser nur an den dünn gesäten Tankstellen.
Wir halten daher oft an Teestuben und, na ja, erfrischen
uns dort. Erstaunlicherweise, eigentlich aber bekannt,
hilft ein heißer Tee oder Mokka bei der Hitze sehr gut
gegen Durst.

Ede geht es immer noch mies.

Ich entdecke am Abend fast im Nichts wieder mal eine Raststelle, sogar mehr als eine Teestube.
Sie liegt links und so wende ich und wir machen eine ausgiebige Pause und essen auch etwas fleischiges in einer sehr schmackhaften Soße.
Es ist fast eine Trucker Raststätte.
Ede ist jetzt mit Fahren dran.
Als wir weiter wollen, setzt er sich ans Steuer und fährt in Fahrrichtung los. Er ist dann etwas irritiert, als wir ihm sagen, dass er gerade wieder in Richtung Heimat fährt.
Ob er so dringend nach Hause will?
Bei Nacht zu fahren, ist wirklich mühsam mit den entgegen kommenden Persern.
Blendet man die Scheinwerfer ab, blenden diese auch ab, nur um sofort wieder aufzublenden.
Also blenden wir auch wieder auf, damit die abblenden.
Einziger Erfolg: Ein wildes blink-blink Spiel.
Leider machen einige LKW`s dann ihre gesamte Festbeleuchtung an und wir ziehen den Kürzeren trotz unserer Halogen auf dem Dach.

Udo < In Teheran parken wir vor der Bank mit den Kronjuwelen. Hartmut krabbelt etwas verstört hinter dem Lenkrad hervor. Man scheint aber auch jeden wahn-sinnigen Perser ans Lenkrad zu lassen.
Vor unseren Augen wird eine Frau überfahren. Sie fliegt einige Meter durch die Luft und bleibt dann liegen.
Die Fußgänger benehmen sich wie aufgeschreckte Hühner.

Ich saß während der Fahrerei durch das Chaos auf dem Busdach und hatte den richtigen Eindruck vom Verkehr. Er fließt nicht, er strudelt und wirbelt durch die Straßen. Ich bin froh, nicht fahren zu müssen. >

In einem Restaurant essen wir ausgezeichnet und trinken wieder Mengen von Wasser und Säften.
Es ist unerträglich heiß und es stinkt in der Stadt.
Aber Udo und ich gönnen uns bei einem Barbier eine Rasur. Das tut gut, betutelt zu werden und zum Abschluss heiße Tücher aufs Gesicht zu bekommen - trotz der Außenhitze.

Wir trennen uns und gehen verschiedene Wege.
Udo und ich landen im großen Basar, der überwältigend ist. Stimmengewirr, Schmutz, Menschenmassen.
Nützliches, Tinnef, Teppiche.
Eigenartigerweise nirgends eine Fliege oder Ungeziefer.
Um 16 Uhr treffen wir uns am Bus wieder.
Ede ist im Wagen liegen geblieben.

Wir fahren zur Lepah-Lalar Moschee aus dem 19. Jahrhundert. Für ein fürchterliches Bakschisch können wir auf ein Minarett steigen und haben einen tollen Blick über Teheran.
Früher wurden den Ausrufern auf den Minaretts die Augen ausgestochen, damit sie nicht von oben in fremde Harem sehen konnten. Zum Glück ist das jetzt nicht mehr nötig, denn die Muezzins sind längst durch Tonbänder ersetzt worden.
So sehr wir uns auch anstrengen, sehen wir nichts Interessantes geschweige denn einen Harem.

Anschließend landen wir wieder vor der besagten Bank und besichtigen den Kronschatz. An vielen Wachen vorbei, durch eine meterdicke Panzertür, stehen wir vor den Juwelen.
Mir gefallen die wenigsten Stücke, viel zu überladen. Wenn ich nicht wusste, was sie kosten, würde ich sie glatt für Kitsch halten.

Wenn man die wohl berechtigten Vorurteile gegen das Wasser der Getränkeverkäufer überwindet, kann man wohlschmeckende Sachen bekommen: Zuckermelone oder Trauben mit Eiswasser gemixt oder Granatapfelsamen mit Eiswasser, um nur einige zu nennen.
Ob man aber die Vorurteile überwinden soll, sei dahingestellt.

Ede < Udo hatte mal im Scherz erzählt, dass der hiesige Würfelzucker aus großen Preßzuckerblöcken mit Hämmerchen herausgeklopft wird. Als ich ihm irgendwann auf die Schulter tippe und einen Laden zeige, wo das tatsächlich passiert, will er sich vor Lachen ausschütten.
Im Übrigen hoffe ich, dass sich Hartmut den Teheraner Fahrstil wieder bis Deutschland abgewöhnt hat. >

Nachdem wir Teheran am späten Abend verlassen und uns etwas verfahren, erreichen wir die Straße nach Chalus am Kaspischen Meer.
Eine phantastische Gebirgsstrecke, immer an einem reißenden Bach entlang.
Wir kommen an einer Anzahl sonderbarer Schächte und Hochöfen vorbei, oder was da immer an die Berge gebaut

sein mag. Später einigen wir uns darauf, dass es vielleicht zur Gewinnung von Kupfer dient.

Udo und ich sitzen auf dem Dach. Immer wenn es durch Tunnel geht, hält Werner am Steuer unter tropfenden Stellen - was er später abstreitet und auf Schlaglöcher schiebt.

Ein riesiger Stausee, ein zwei Kilometer langer Tunnel statt des Passes.
Anschließend geht es über Serpentinen abwärts.

Wir finden ein lauschiges Plätzchen für die Nacht an einem Bach. Zum Abendbrot gibt es über dem Feuer geröstete Kartoffeln. Ede hatte sie in einem Laden entdeckt.
Den nächsten Tag gehen wir faul an. Es ist einfach zu schön hier.
Wir nehmen ein Vollbad und selbst Werner wäscht sich die Füße.
Wir waschen unsere Sachen. So richtig zünftig, indem wir die eingeseifte Wäsche auf Steinen ausschlagen. So hatten wir das mal gesehen. Aber so ein richtiger Schonwaschgang ist das nicht.
Auf der Leine ist sie bald wieder trocken.

Dann spannen wir ein Seil über den Bach und hängen uns selbst in die Stromschnellen und lassen uns von dem erfrischenden Wasser durchkneten.
Es ist toll.
Anschließend sonnen wir uns und unterschätzen die UV-Strahlung.
Udo der Exhibitionist sonnt sich den nackten Arsch und hat jetzt Sitzbeschwerden. Ede sonnt sich seine "Herkulesschultern" und bekommt das Hemd nicht mehr

an und ich traue mich kaum noch mit den Beinen in meine Hosen.

Später gesellen sich zwei Straßenarbeiter zu uns. Wir
bieten ihnen Zigarillos an, aber sie beäugen sie
misstrauisch. Sie kennen nur Zigaretten. Trotzdem
rauchen sie dann doch eine halbe dieser unheimlichen,
braunen Dinger.

Erst gegen Nachmittag fahren wir weiter.
Eine tolle Straße immer am Wildbach entlang bis hinter
Chalus.
Und dann sind wir am Kaspischen Meer.
Am Ufer ist eine Villa an der nächsten.
Erst hinter Mahmoudabad wird es ruhiger und wir
kommen an den Strand und machen Pause.
Mit Vergnügen beobachten wir Pillendreher, große
lustige Käfer, die Mistkugeln durch die Gegend rollen.

Werner < Eine Nacht im Auto.
Da der Strand hier sicher von fürchterlichen Untieren
wimmelt, wie den merkwürdigen Käfern, beging ich die
Unvorsichtigkeit, einmal im Auto zu schlafen.
Der langsamste und schrecklichste Tod, von diesen
Tieren zernagt zu werden, ist aber nichts gegen das, was
ich dort erlebte.
Als ich zum Auto gehe, haben Hartmut und Udo sich
schon drin hingelegt.
Draußen eine Bruthitze. Trotzdem sämtliche Türen und
Fenster verrammelt.
Als ich die Tür aufmache, falle ich bald in Ohnmacht.
Wegen den Insekten, sagen die beiden.
Die armen Insekten, die da aus Versehen reinfliegen
würden.

Ich lege mich auch hin. Die beiden fühlen sich sichtlich wohl in dem Mief.

Da, Udo lässt einen ziehen, leise, lang, sehr intensiv. Eine Wolke zieht durch den Bus und tötet alle noch existierenden Mücken.

Nur Hartmut atmet tief weiter.

Um der Marter zu entgehen, reiße ich ein Fenster auf.

Trotzdem, die Temperatur steigt, der Mief nimmt zu.

Da, die letzte Rettung. Die Tür auf.

Aber auf Dauer reicht das nicht, mir schwinden die Sinne.

Am nächsten Morgen erwache ich aus tiefer Ohnmacht. >

Morgenbad im Meer. Oh wie erfrischend, 30° C ist die Wassertemperatur.

Bald gesellen sich einige Perser zu uns und wir spielen zusammen mit ihnen Wasserball - mit einer Zuckermelone.

Ein lustiges Spiel, denn auf Grund des geringen Auftriebes der Melone, es dauert lange, bis sie im Wasser wieder hoch kommt, spielen wir halb unter und halb über Wasser.

Anschließend essen wir gemeinsam den "Ball" auf.

Gestern hatten wir gemerkt, dass der eine Motor-Zylinder nicht mehr richtig Leistung bringt.

Ventil undicht ?

Udo will sich mal unter das Auto legen, aber nur im Schatten.

Also will er den Bus wenden und fährt erst mal rückwärts in einen Brackwassertümpel.

Panik im Froschrevier.

Panik auch bei Udo, Vollgas raus.
Denkste.
Nur der rechte Hinterreifen dreht durch und gräbt sich bis

zur Achse in den Matsch.
Auch mit Hilfe vieler Perser bekommen wir den Wagen
nicht frei.

Also basteln wir einen Steinsockel, um den Wagenheber
aufsetzen zu können und den Reifen anzuheben.
Dann bauen wir einen Steindamm unter das Rad und
dann, mit viel Hau ruck und Helfern, kriegen wir unser
Autochen aus der Brühe.
Udo darf jetzt basteln.
Motor raus oder nicht - das ist hier die Frage.
Udo entscheidet sich dagegen.
So bauen wir alle möglichen Teile hinten am Auto ab
oder biegen sie zurecht, bis Udo auch so an die
Zylinderköpfe kommt.

Tatsächlich sind zwei Dichtungen kaputt, die wir aber dabei haben.
Trotz der Ratschläge aller Perser, bekommen wir den Motor wieder zusammen.

Probelauf ohne Auspuff. Welch sonorer Klang.
Vollgas, aus den Auslaßrohren stieben die Flammen und die Perser in alle Himmelsrichtungen,
Haben wir jetzt 100 PS?
Wir malen uns aus, wie irre es sein muss, Kugelblitz gleich, ohne Auspuff durch die Schluchten der Bergwelt zu donnern.
Trotzdem bauen wir die Reste vom Blechtopf, ehemals Auspuff, wieder an.
Später werden wir ihn uns für ein unverschämtes Geld schweißen lassen.

Durchs wilde Afghanistan

Im Moment stehen wir an der afghanischen Grenze und kochen wieder mal Rindfleisch aus der Büchse mit Tomaten und Nudeln, unser Standardgericht.

Es ist 21 Uhr und die Grenze wird erst morgen früh wieder geöffnet.
Die iranische Abfertigung haben wir schon hinter uns und warten jetzt mit noch einigen anderen Fahrzeugen.
Da die Straße gut war, bis auf einige Baustellen mit ein paar Bachdurchquerungen als Umleitung, sind wir letzte Nacht durchgefahren, um nicht am Freitag (Feiertag im Islam) in Herat zum Geldwechseln zu sein.
Die letzte große iranische Stadt war Meshed.
Den heiligen Bezirk der Schiiten dort darf man als Ungläubiger immer noch nicht betreten. Von außen sieht man aber eine herrliche goldene Kuppel.

In Meshed wurden wir von einem Teppichhändler angequatscht, den wir aber abwimmelten.
Ede hatte sich von uns getrennt.
Wir anderen drei wurden später von einem Türkishändler abgeschleppt.
Udo kaufte für 2$ einen Rohstein für seine Freundin.
Als wir dort saßen, brachte uns ein Kind einen Zettel und so folgen wir ihm zu Ede.
Und wo saß er, bei dem bekannten Teppichhändler.
Dieser entpuppte sich aber als sehr nett und wir erhielten eine Lexion in Teppichkunde; Anzahl der Knoten, Materialien usw......

Später entließ er uns in Freundschaft, ohne dass wir etwas gekauft hatten.

Und nun stehen wir also an der Grenze.
Werner hatte inzwischen unser Gemeinschaftskassen-portemonais verschlammt, Udo hat es zum Glück wiedergefunden.
Immer wenn es leer ist, legen wir alle einen gleichen Teil aus unseren Kassen wieder hinein.

Um sieben soll die Grenze aufmachen, um acht geht es los und um zehn sind wir in Afghanistan.

Das erste, was wir aus dem Mund eines Afghanen hören:
Du wollen Haschisch?
Das zweite: Hallo Mister Bakschisch.
Beide Sätze sollen uns hier nicht mehr verlassen.
Haschisch ist eine Art zweites Zahlungsmittel und die Bettelei die Haupteinnahmequelle, jedenfalls beides in Bezug auf Ausländern.
Wir fragen uns aber auch, wovon die Leute hier sonst leben, in einem Land aus Sand und Steinen und einem immerwährenden Wind.
Teilweise beträgt im Moment die Sichtweite nur 25 Meter, so sandig ist die Luft durch den Wind.

Wir kommen nach Herat, der drittgrößten Stadt Afghanistans.
Eine armselige Ansammlung von Lehmhütten, halt nur in großer Zahl, und die Reste einer riesigen Moschee, die früher 12 Minarette hatte. Heute stehen noch vier,

einsame und schiefe, halbzerfallene Minarette mitten in Ruinen.
Die Steinchen der einstigen Mosaike werden verkauft.
Alle abgepopelt.

Viele Klimbimläden und ein Jugendhotel.
Dort essen wir billig zu Mittag, Reis mit einem
mysteriösen Stück Fleisch.

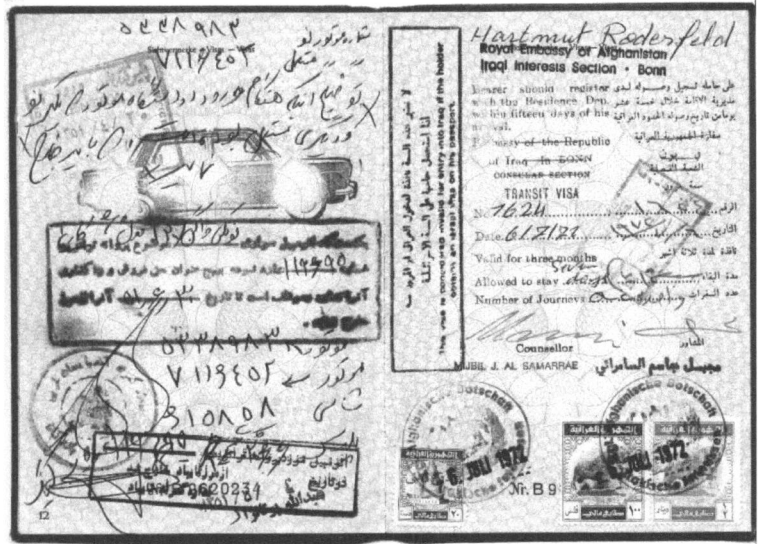

Wir halten uns nicht lange auf und fahren bis Mitternacht
bis kurz vor Kandahar.

Wir müssen aufpassen, dass wir keine Tankstelle übersehen, denn sie sind sehr dünn gesät.
Meistens müssen wir den Tankwart wecken, der auf einer
Pritsche neben der Tanksäule schläft und dann per Hand
das Benzin in unseren Tank pumpt.
Wir passen höllisch auf, dass die Anzeige der Tanksäule
immer auf Null steht, wenn er anfängt. Nicht so ganz
einfach, wenn man die Zahlen nicht lesen kann.

Außerdem kommen wir hin und wieder an Straßensperren, wo wir eine Straßenbenutzungsgebühr bezahlen
müssen.

Als wir kurz vor der Nachtruhe bei Beduinen, jedenfalls leben sie in Zelten, eine Pause machen und zum Tee eingeladen werden, gesellen sich zwei Typen zu uns und bieten uns ein grünes Pülverchen an, dass sie in einer kleinen Silberdose dabei haben.
Nach vielem Drängen probiert Ede eine Prise.
Als ihm fast Flammen aus Mund und Nase schlagen, wollen sich die beiden totlachen.
Weiß der Teufel, was das für ein Pulver war.

Oh Freude, einer der wenigen wasserführenden Flüsse dieser Gegend. Er ist breit aber nicht tief.
Wir nehmen ein Bad.

Kandahar. Wir essen zu Mittag, fahren aber bald weiter.
Im Bus sind rund 50°C.

Später am Abend wollen Werner und Udo zum Schlafen eine Ruine finden. Da aber die Häuser alle so aussehen, geraten sie erst an ein bewohntes.
Schnell fahren wir weiter.
Als sie endlich eine entdecken, werden wir von einem Polizisten einer der Straßensperren verjagt und zu einem Hotel an der Straße geschickt.
Uns kommen die Gäste alle sehr finster vor und wir trinken nur Tee.
So fahren wir dann nach alt bewährter Manier nach einiger Zeit nur mit dem Auto ein Stück von der Straße runter und schlafen dort.

Wir erreichen Kabul, die Hauptstadt.

Aber was eine Hauptstadt. Doch besser legen wir unsere
Maßstäbe nicht an.
Zuerst fahren wir zur deutschen Botschaft, um einige
Erkundigungen einzuziehen.
Werners Flugzeug nach Thailand fliegt nur zweimal die
Woche, als nächstes am Mittwoch. Er war schon in
Indien und will uns daher hier verlassen und auf der
Rückfahrt wieder zu uns stoßen.
Ob das Timing wohl klappt?
Außerdem erklärt man uns, dass die afghanisch -
pakistanische Grenze nur jeden Donnerstag offen ist.

In einem Europäerlokal essen wir erstklassig und trinken
endlich mal wieder Bier, wenn auch sauteuer. Ein halber
Liter für sechs Mark, ein hiesiges Monatseinkommen
oder so.
Man gönnt sich ja sonst nichts.

Später tauschen wir auf dem Schwarzmarkt pakistanische
und indische Rupien. Wir erhalten den doppelten Kurs.
Allerdings darf man das Geld dort nicht einführen.
Jedenfalls nicht offiziell.
Wir verstecken die Taler in unserer Fettpresse.

Wir schlafen vor der VW-Vertretung und Werkstatt.
Morgen wollen wir neue Bremsbeläge aufziehen lassen.
Im Übrigen schläft Werner jetzt immer mit im Bus. Er
scheint Gefallen an unserem Mief gefunden zu haben.
Andererseits macht er nachts, wenn wir schlafen und es
nicht merken, heimlich die Tür auf.
Natürlich gegen unseren besonderen Wunsch.

Udo <Kabul, welche Stätte der Erholung.
Meine Güte, der Dreck ist trocken gerade noch zu er-
tragen, aber als der überraschende Regen den Müll
aufweicht, habe ich bald zuviel bekommen.
Slalom durch die Scheiße, überall scheinen kleine
Tierchen auf mir herum zu krabbeln.
Eine hohe Mauer um die Stadt bauen und die scheißen
sich ganz alleine zu, ohne es zu merken. >

Allerdings sind die Typen, die wir auf der Post treffen,
poste ristante, auch nicht besser.
Beim Anblick dieser "haschwärts" reisenden "Europäer"
wird es uns peinlich zu Mute.

Das Khyber-Hotel mit Selbstbedienung ist gut.
Ebenso die VW-Werkstatt unter deutscher Leitung, das
denken wir jedenfalls zu diesem Zeitpunkt noch.
Wir verbringen einen Tag in der Werkstatt.
Neben den Bremsbelägen müssen doch noch die hinteren
Radlager gemacht werden, die Kugeln sind kaum noch
mehr als Stahlmehl.
Es dauert alles etwas länger als nötig, aber scheint
ordentlich gemacht zu werden, wie Udo meint, der mit
Adleraugen die Mechaniker beobachtet.

Die Nacht verbringen wir außerhalb Kabuls.
Udo fängt eine haarige Spinne von fast 10 cm
Körperlänge. Vorne hat sie zwei großen Zangen.
Wir halten sie für giftig, denn der Stock, in den sie sich
verbeißt, ist anschließend völlig nass.

Wir bringen Werner zum Flughafen.

Zuvor lieferten sich die Afghanen mit uns einen
Bürokratenkrieg.
Wir hatten bei der Einreise eine gemeinsame Zoll-
erklärung abgegeben, auf der auch Werners Fotoapparat
eingetragen war.
Das heißt, er musste bei uns aus- und in Werners Pass
eingetragen werden.
Wir wurden von einem zum anderen geschickt.
Schließlich landeten wir genervt beim Zollpräsidenten,
der sogar deutsch sprach.
Plötzlich war alles, was bisher drei Stunden dauerte, in
zehn Minuten erledigt.

Auf zu einer der Sehenswürdigkeiten von Afghanistan:
Bamyan.
Mit Mühe finden wir nach Werners Beschreibung, auf der
Hauptstraße hinter Kabul, links, einen Feldweg.
Die richtige "Straße".
Aber dann ist sie weg, besser die Brücke über einen
ziemlich reißenden Gebirgsbach.
Als wir ankommen, steckt ein Berliner VW-Bus, der aus

Bamyan
kommt, mitten
im Fluss auf
einer Furt
neben der
kaputten
Brücke fest.
Er wird gerade
von einem
Lastwagen

rückwärts wieder herausgezogen.

Aber wir wollen durch.

Udo zieht Schuhe und Strümpfe aus und watet die Furt ab.

Mit Schwung, da wir keinen Vierradantrieb haben, müsste es gehen, meint er und sieht mich komisch an.

Immer ich.

Also merke ich mir den Weg und gebe vorsichtig Gas während Udo und Ede lieber zu Fuß durch die Furt waten.

Halb unter Wasser, halb in der Luft fliegend komme ich tatsächlich, unter dem Jubel auch der vielen zuschauenden Afghanen, rüber.

Ein späteres Schlammloch schaffen wir auch noch rutschend.

Und nun liegt Udo unter dem Auto und schraubt alle durch das Schlagen und Rütteln losen gewordenen Teile wieder fest.

Dabei findet er einen Lappen im Luftgebläse.

Grüße von der Kabul-Werkstatt.

Die Straße nach Bamyan, besonders hinter dem Pass, ist phantastisch in den Fels gesprengt und dieser berührt sich fast wieder hoch über der Straße.

Irgendwo unter überhängenden Felsen schlagen wir unser Nachtlager auf.

Zum Abendessen haben wir einen Zuschauer.

15 oder 60 Jahre alt ? Wir müssen echt raten. Schließlich einigen wir uns auf 15, obwohl er oder es wie eine wandelnde Mumie aussieht.

In der Nacht wird es saukalt, 15°C.

Bamyan selbst ist dann beeindruckend.
Schon toll, was zu Ehren Buddhas im 7.Jahrhundert gebaut wurde.
Zwei riesige Buddha Statuen wurden aus dem Fels gehauen, in einer gewaltigen Halbhöhle stehend blicken sie über die Ebene.
Leider ist fürchterlich viel zerstört.
Teils von der Witterung, aber auch von Fanatikern, denn der Islam verbietet ja jede Abbildung einer Gottheit.
Die kleinere Statue wird gerade restauriert.
Wir können aber durch Felsgänge auf die größere hinauf und haben einen schönen Blick in die Umgebung, Felder ein Dorf und die Berge im Hintergrund.
An der Felswand über der Figur sind sogar Reste von Fresken erkennbar.
Die Felsen selbst sind übersäht und durchlöchert von Höhlenwohnungen und Gängen der früheren Bewohner oder Mönche.
Ede muss leider im Bus bleiben, er läuft wieder aus.

39

Perlen zwischen den Steinen.

Wir fahren weiter nach Bande Amir.
Aber wer redet da von Straße?
Bestenfalls ist es ein Maultierpfad
Was bisher am Bus nicht locker ist, rüttelt sich jetzt los.
Es kommt eine Steigung. Unser Bus schafft es auch beim
dritten Anlauf nicht mehr.
Zu alt, zu verdreckt?
Wir laden alle schweren Teile aus dem Auto, vom
Reservereifen bis zu den Kanistern und
Konservenkartons.
Ein weiterer Anlauf. Nichts.
Wir probieren es rückwärts.
Anlauf, der Motor krepiert fast, aber wir packen es
endlich.
Wir sind oben.
Allerdings mit leerem Auto.
Wir müssen noch alles hinterher tragen.
Ede macht zwischendurch schlapp und bleibt einfach
liegen und beschließt zu sterben.
Zum Glück kommt ein neuer französischer VW-Bus
vorbei, der die Steigung ohne Probleme schafft. Es ist
kaum mit anzusehen.
Aber die Leutchen helfen uns tragen. Vive la France.
Also weiter.
Wir haben noch einige weitere Probleme an Steigungen,
eine weitere meistern wir rückwärts, aber ohne ausladen
zu müssen.
Die anderen schaffen wir mit Anlauf. Udo rast los und
wenn der Motor zu keuchen anfängt, springe ich ab um
den Bus zu entlasten.

Bei der Restgeschwindigkeit habe ich das Gefühl mich zu überschlagen und eine Furche in den Boden zu graben.
Oben wartet dann Udo auf mich.

Die Landschaft ist kahl und bergig und dann sind wir endlich an den Seen.
Der Anblick entschädigt für alles.

Wie Diamanten liegen sie in den fast baumlosen Bergen.
Es sind mehrere große, glasklare Seen, die hintereinander
liegen, jeder etwas höher als der vor ihm und sie sind
durch kleine Wasserfälle miteinander verbunden.
Die Umrandung des unteren Sees ist teils nur einen
halben Meter dick.
Wenn wir auf dem Rand stehen, ist auf der einen Seite der

klare tiefe See, auf der anderen
Seite geht es steil rund 20
Meter abwärts.
Ich frage mich, wie das hält?
Wir parken an einem kleinen
Wasserfall unterhalb des Sees
und Udo und ich baden.
Ede geht es dreckig.
Es ist herrlich im kalten,
sauberen Wasser, das auf uns
prasselt.
Was für ein schöner Fleck
Erde.

Die Pflanzen
am Rand des
Wasserfalls
und
Bächleins
sind
verkalkt.

Das erklärt offensichtlich dieses Natur-phänomen,
nämlich der Kalk.
Am Nachmittag wollen wir zu den oberen Seen fahren,
scheitern aber an den Steigungen. Schade.

Da wir nicht wissen, wie lange wir mit unserem
Schrotthaufen zurück nach Bamyan brauchen werden,
fahren wir früh am nächsten Tag los.
Inzwischen bekommen wir keine Gänge mehr rein, oder
wenn, dann den falschen.
Udo stellt fest, dass das Schaltgetriebe ausgerissen ist.
Wenn jetzt eine Steigung kommt, halte ich vorher an,
Udo steigt aus und hebelt das Getriebe hoch, ich lege den
ersten Gang ein und dann brausen wir los.

Plötzlich steht ein kaputter Jeep am Straßenrand und eine
deutsche Tramperin möchte mitgenommen werden. Sie
ist Entwicklungshelferin.
Das uns der Jeep später wieder überholt und sie ein
paarmal bei uns schieben muss, ist ihr Pech, scheint sie
aber nicht zu stören.
Da wir es bis zur Dunkelheit nicht bis Bamyan schaffen,
laden wir sie zu unserem berühmten Rindfleischnudeln
ein und schlafen am Straßenrand.

Sie bei mir im Bus, die beiden anderen in der Pampa.
Mitten in der Nacht klopft es an unser Auto.
Ich öffne und ein Afghane steht vor der Tür.
Unsere Tramperin dolmetscht.
Er möchte nach Bamyan. Er hat sein totes Kind im Arm,
das er dort begraben möchte, bevor es verwest.

Wir müssen ihn weiterschicken, denn bei Nacht können wir diese Straße nicht fahren.

Entwicklungshelferin < Man begeht hin und wieder vermeintliche Fehler, so z.B. kann man von einem kaputten Jeep, der allerdings zehn Minuten später wieder heil ist, in ein noch übleres Vehikel umsteigen.
Das war echt dumm- nun denn, es scheint nur so.
Und obwohl das Auto mehr geschoben werden musste und wir große Strecken zu Fuß gingen, und obwohl ich schon seit drei Tagen wieder arbeiten musste, und, und, und...., man staune, doch es hat sich irgendwie gelohnt.
Da sind drei Leute, der eine blond und verstaubt und spezialisiert auf alte wacklige VW-Busse und ein begeisterter Mückenmörder.
Der andere liegt flach und jammert und kann kein Essen sehen oder riechen und ist ehrlich auf dem Hund.
Dazu muss aber gesagt werden, das seine Reisekollegen sich nicht in Fürsorge und Liebe überschlagen, auch wenn sie es bestimmt nicht ernst meinen, ihn am Straßenrand verbuddeln zu wollen. Immerhin versorgen sie ihn ja.
Der dritte, Zigarilloraucher, Schlaglochfahrer , Koch und Primus inter pares .
So und ich bin für einen Abend die 4te im erlauchten Kreis.
Gut und schön. Ach ja : bisyaar taschkan. >

Ziemlich früh verlässt uns unser Gast mit einem vorbei kommenden Auto.
Sie will versuchen, in Bamyan eine weitere Fahr-gelegenheit nach Kabul zu bekommen.

Einige Zeit später brechen auch wir auf.
In Bamyan treffen wir sie wieder. Sie hat Pech gehabt
und ist nicht weiter gekommen.
Auf einem Parkplatz spielen wir unser altes Spiel, Auto
reparieren.
Ede, den es besser geht, sieht sich inzwischen die Statuen
an.

Udo < Die Fahrt hierher zurück war ein Alptraum.
Hartmut verschweigt die 10 Meter Sprünge mit dem
Wagen, um überhaupt weiter zu kommen, diskret.

Außerdem hat Ede mich zum Hasch rauchen verführt.
Aber alles Murks für mich als Nichtraucher. Ich bleibe
beim Alkohol.
Ich gehe zu einer Schmiede und lasse mir nach meinen
Zeichnungen und mit Händen und Füßen radebrechend,
eine Halterung schweißen, mit der ich das Getriebe
hochdrücken und dort fixieren kann.
Es hängt jetzt an der richtigen Stelle und wird von den
Längstträgern gehalten.
Das muss man erlebt haben.
Erstens die Schmiede, eine kleine rußige und verrauchte
Hütte. Der Blasebalg wird mit den Füßen betrieben und
alles findet auf dem Boden statt, die Feuerstelle, das
Hämmern und Biegen.
Und zweitens meine Bemühungen, bis die wissen, was ich
will. Und das für umgerechnet vier Mark. >

Wir henkern weiter, allerdings einen anderen Weg als
hierher, der uns interessanter erscheint.
Aber gelegentlich ist der Weg einfach weg.

Wir müssen aussteigen und eine Möglichkeit suchen,
weiter zu kommen.
So auch bei einem Graben über den Weg, die rund vier
Meter breit und zwei Meter tief ist.
Nach einiger Zeit, in der wir die Gegend in beiden
Richtungen absuchen, finden wir einen abgerutschten

Rand. Da ich die Probleme kenne, die unser Vehikel mit Steigungen hat, muss ich mit Schwung durch den Graben um an der anderen Seite wieder raus zu kommen. Der Gedanke, unten im Graben zu stehen und weder vorwärts noch rückwärts hochzukommen ist auch wenig lustig.

Also mit Vollgas durch. Es kommt ja kaum noch drauf an.

Die Stoßstange vorne ist schon platt.

Auch der Motor braucht inzwischen zwei Liter Öl pro Tag.

Am Anfang der Straße stand ein Schild: No passage to Dosi.

Aber da kein Datum dabei stand, fuhren wir trotzdem.

War wohl doch relativ aktuell der Hinweis.

Bis Doab ist es dann aber auch die am weitesten schönste Strecke bisher.

Der Weg ist noch tiefer in den Fels geschnitten als vorher, fast wie im Grand Canyon, kommen wir uns vor.

Hinter Doab wird es aber dann zur Qual.

Endlich erreichen wir die Asphaltstraße nach Dosi.

Jetzt können wir den Wagen ausfahren, nur dass er nicht will.

Er zieht nicht mehr und klingt komisch.

Das alte Motor raus- rein Spiel.

Schaden am Kurbelwellenlager. Im Öl schwimmen Kupferspäne.

Wenigstens stehen wir in der Nähe einer Herberge, wo wir essen können und Tee bekommen.

Ein richtiges Bier wäre uns lieber.

Dafür ist die Gegend vollgeschissen und wir haben Zuschauer.

Aus dem Motor und unserem alten Restmotor, bauen wir einen "neuen" zusammen.

Was an Teilen übrig bleibt, ist wohl überflüssig.

Wir lassen die schweren, kaputten Teile liegen.
Nur die Motorblockhälfte mit der Motornummer drauf, nehmen wir mit, wegen der Grenze.

Richtung Kabul über den Solang Pass.
Eine der Errungenschaften, die die Russen gebaut haben.
Als mögliche Truppentransportstraße natürlich. Haben sie ja später auch entsprechend genutzt. In beiden Richtungen allerdings.
Doch nach den ersten Steigerungen zieht der Motor schon wieder nicht. Verdammt.
Das alte Spiel?

Ohne uns. Wir haben auch nicht mehr genug Teile.
Ein Landrover schleppt uns über den Pass.
Eine schöne Straße. Die Serpentinen sind oft überdacht.
Es ist frustrierend zu erleben, wie uns ein gleich großes
Auto über die Berge zieht, als würden wir nichts wiegen.
Da der Rover nur bis zum Pass fährt, lassen wir uns auf
der anderen Seite einfach runterrollen.
An zwei kleinen Steigungen müssen wir schieben, aber
sonst reicht immer den Schwung auch so.
Nur nicht bremsen.
Am Abend rollen von der Straße und machen Schluss für
heute.
Nur Allah weiß, wie wir morgen weiterkommen, denn es
geht ja nicht immer bergab bis Kabul.

Wir essen kalte Eierravioli im Bus, denn draußen stürmt
es fürchterlich.
Ede der Verführer rächt sich dafür, dass ich ihn sonst
besoffen machte und dreht eine Haschzigarette.
Auch egal.

*Udo < Der Wind ist nicht das schlimmste, denn
irgendwann kommen zwei Jungens und blasen uns auf
ihren Flöten was vor und wollen dafür sogar noch was
haben: Mistarr, hauarr ju, tank ju mistarr, ham ham......
Ich greife zur Fliegenklatsche, aber Ede hält mich
zurück.>*

Und wie erwartet, es geht jetzt wieder bergauf.
Der achte Lastwagen, den wir stoppen, ist bereit, uns für
eine akzeptable Summe von 500 Afghani nach Kabul zu
ziehen.

Leider beherrscht er das Anfahren so, dass nach kurzer Zeit unsere vordere Stoßstange abreißt.

Und er muss oft anfahren, denn alle Nase lang muss er anhalten, um seinen röchelnden Motor mit Wasser zu kühlen.

Dafür ist sein alter Bedford mit dem gewaltigen Holzaufbau und Holzführerhaus hübsch bunt bemalt mit Landschaften und Koransprüchen.

Der Spruch gegen einen kochenden Motoren hat er aber wohl vergessen aufzuzeichnen.

Es ist ziemlich anstrengend, mit 60 Km/h in 2 Metern Abstand hinter einem Laster hergezogen zu werden, auf die Abschleppseilspannung zu achten, auf die Bremslichter, Sonnenreflektionen, Staub, dreckige Scheiben.

Um das Maß voll zu machen, fährt er dann auch noch einmal rückwärts, um einem anderen Wagen Platz zu machen.

Also haben wir jetzt auch noch eine große Beule vorne im Bus.

Dafür bekommt er in Kabul, nach vier Stunden, auch nur 300 Afghani von uns, die er zähneknirschend annimmt.

Für weitere 60 schleppt uns ein Taxi das letzte Stück bis zur VW-Werkstatt.

Da sind wir wieder.

Jetzt gehen wir erst mal in Khyber Restaurant, uns was Gutes gönnen.

Morgen werden wir mehr wissen.

Kabul, länger als geplant

Die Stunde der Wahrheit.
Die Schwungscheibe ist lose, also muss eine neue
Schwungscheibe und Kurbelwelle rein. Ein Lager im
Motorblock ist auch kaputt, usw.
Kurz und nicht gut: ein neuer Motorblock ist fällig.
1000.- DM

Wir grübeln. Wenn wir die Reparatur von unserem Geld
bezahlen, sind wir pleite und können umkehren.
Andererseits wegen 250.- DM pro Person umkehren.
Werner muss natürlich auch seinen Anteil mit bezahlen,
sonst nehmen wir ihn nicht mehr mit zurück, da sind wir
uns einig.
Wir geben die Reparatur in Auftrag und gehen zur
deutschen Botschaft, die werden wissen, wie man Geld
aus Good Old Germany nach Kabul bekommt.

Sie wissen es sogar und wir ordern unsere Taler zur Pashtany Tejaraty Bank.
Wann die wohl ankommen werden?
Die Grenze zwischen Pakistan und Indien soll nur am Donnerstag offen sein, mal sehen welche Woche wir da sind.

Wir übernachten im Plaza Hotel, 300 Afghani, aber mit Dusche und Wanne. Was ein Trost.
Allerdings sind diese nur Zierwerk, entweder gibt es kein Wasser oder nur braune Brühe.

Ede hat eine Ohrenentzündung und fällt wieder aus, aber Udo und ich sehen uns nach einem anderen Hotel um.
Noch eine Nacht im Plaza.
Dafür scheißen wir es bis oben hin voll. Es hat uns wieder mal erwischt.
Es existieren zwei "Bäder" mit Wanne und Klobecken.
Ich habe Glück, als ich auf dem Klo sitze wird mir auch noch schlecht. Aber die Wanne ist direkt daneben, so dass ich sitzen bleiben kann und mich nur noch zusätzlich zur Seite beugen muss, um mich zu übergeben.
Als Ede dasselbe im anderen Bad passiert, ist dort die Wanne weiter weg.
Das sind dann die Leute, die in der Wanne hocken müssen.
Ziemlich unglücklich kommt er wieder heraus.

Der Abstieg beginnt? Wir ziehen um ins Shabestan Hotel, 90 Afghani.
Ede nimmt gleich den Kampf mit einem Insektenspray auf.

Die Gegend ist interessant. Halb europäisch, halb Basar, Botschaften und Trödelläden.
Am Nachmittag bummeln wir durch die Geschäfte.
Jada Villayat, die Straße der Fellhändler.
Ich kauf mir eine Fellweste und stinke jetzt wie ein Ziegenbock.
Hilft das gegen Ungeziefer?

Den nächsten Tag gehen wir ruhig an.
Gegen Mittag wachen wir auf und frühstücken ausgiebig.
Gegen Abend wachen wir wieder auf und gehen Shopping. Ede kauft sich einen angeblich 700 Jahre alten Koran. Vielleicht entpuppt er sich in Deutschland als Mikrowellenkochbuch, falls jemand die Schrift lesen kann.

Minirevolution in Afghanistan. Im Kyber Restaurant erscheint ein junger Afghani und fängt an, lautstark die Revolution zu predigen.
Auch ohne sprachkundig zu sein, ist es eindeutig. Er beschimpft die Kellner und tobt herum. Er dauert nicht lange, bis zwei Hünen erscheinen und ihn handfest entfernen.

Im Übrigen entpuppt sich unser Hotel als gar nicht so schlecht. Es ist krabbeltierfrei und hat eiskalte Duschen. Wir haben außerdem ein gutes preiswertes Restaurant entdeckt, Siggis Restaurant. Das Essen ist gut und preiswert, es gibt sogar gute Milchshakes.
Die dortige Ansammlung von Haschvögeln und Gammel-europäern ist auch erträglich.

Nach sechs Tagen ist unser Geld da. Schon? Hurra.

Wie schön, wieder im Auto zu schlafen, nachdem man schon etliche Kilometer gefahren ist.
Die Beule vorne im Wagen ist aber immer noch da und die Stoßstange hängt noch lose am Wagen.
Anyway. Die alten Teile vom Motor, die wir nicht mehr brauchen, verkauften wir an den Hotelmanager für 200 Afghani.
Besser als nichts.
Dafür haben die Spezialisten in der VW-Werkstatt einen Autoschlüssel verschlammt. Uns wird klar, wieso der deutsche Manager auf diesen Strafposten versetzt wurde.

Beim Durchsehen der alten Unterlagen finde ich einen Artikel über Afghanistan, den ich für irgendein Blättchen geschrieben habe, und auch wenn er vieles wiederholt von dem gerade berichteten, möchte ich ihn doch zum Besten geben:

Afghanistan, ein Land aus Sonne und Wind, aus Steinen und Hitze.
Hier müssten wir den Luftfilter unseres Autos täglich reinigen, bis wir auf die Idee kamen, den Ansaugstutzen ins Innere des Fahrzeuges zu verlegen.
Hier Riss uns die Getriebeaufhängung als wir die Asphaltstraße verließen und hier erlebten wir den heißesten Tag mit 50° C im Schatten.
Aber auch ein Land der Wunder wie die fünf Seen in Bande Amir oder die phantastischen Buddha Statuen in Bamyan.
Doch bis dahin ist es ein weiter Weg.

Wenn man über schlechte Straßen endlich Afghanistan erreicht hat, ist man erstaunt und erfreut zugleich, plötzlich am Beginn einer ausgezeichneten Asphaltstraße zu sein. Deshalb wird man dann wohl auch diese durch das südliche Afghanistan führende Straße der zweiten Route durch das nördliche Gebirge vorziehen. Denn so man nicht gerade ein Spezialfahrzeug hat, ist die Chance letztlich in Kabul in einer Autowerkstatt zu landen außerordentlich hoch, wie wir dann auch mehrere Wagemutige in der Werkstatt wiedertrafen.

Sollte man aber die angenehmere Südroute wählen, so erreicht man über Herat und Kandahar ebenfalls Kabul. Es sei denn, man hat eine der Tankstellen übersehen, die rar gesät, aber auf der Landkarte eingetragen sind. Hier darf man sich nicht scheuen, den neben der Handzapfsäule schlafenden Räuberhauptmann aufzu-wecken, egal wieviel Uhr es gerade ist. Er nimmt einem anschließend sowieso zu viel Geld ab, sei es weil man die afghanischen Zahlenzeichen nicht lesen kann, oder weil die Anzeige auf der Zapfsäule nicht auf Null gestellt wurde.

Hat man sich dann mit dem Tankwart genug gestritten und letztendlich doch gezahlt, was von Anfang an verlangt wurde, so fährt man weiter auf dieser von Russen und Amerikanern in gegenseitiger Konkurrenz gebauten Asphaltstraße.

Sie scheint teils immer geradeaus zu führen, bis zum Horizont und bis Kabul.

Man meint, dass Lenkrad festbinden zu können.

Auch die Landschaft beiderseits der Straße bietet wenig Abwechslung, so weit das Auge reicht ebene Steppe, vielleicht hin und wieder ein kahler Hügel, ein

Ziehbrunnen, eine Ziegenherde oder mitten im Nichts ein Teehaus.

Man fragt sich, wo die Leute herkommen, die dort ihren schwarzen oder grünen Tee trinken, essen oder einfach nur dasitzen.

Man sollte ruhig anhalten und sich einen Tee gönnen. Man ist sofort von den verwegensten Gestalten umgeben, die einem Freundlichkeit und Neugier entgegenbringen. Trotz wildester Geschichten, mit denen sich später die Reisenden gegenseitig zu überbieten suchen, haben wir nie das Gefühl gehabt, wirklich gefährdet zu sein.

Und letztlich erreichen ja wohl auch alle Kabul. Die Hauptstadt des Königreiches Afghanistan. Aber man vergesse alle Vorstellungen, die man von Hauptstädten hat.

Eine Entwicklungshelferin, die wir kennenlernen, schilderte ihren ersten Eindruck von Kabul wohl sehr zutreffend folgendermaßen: Als ich mit dem Flugzeug nach Kabul kam, hatte ich bei der Landung, als ich aus dem Fenster sah, den Eindruck, wir würden eine Notlandung mitten in der Wüste machen.

Aber Kabul ist der Ausgangspunkt für die Fahrten nach Bamyan und Bande Amir.

Am bequemsten ist es mit einem kleinen Flugzeug bis Bamyan zu fliegen. Es ist kaum teurer, als eines der unzähligen Wolgataxis zu mieten, von denen man sich in halsbrecherischer Fahrt ins Hochland bringen lassen kann. Die billigste aber zeitraubenste Methode ist die, mit einem der einmal am Tag verkehrenden Busse zu fahren. Allerdings wundert man sich immer wieder, weshalb diese uralten klapprigen und um das vielfache überladenen Fahrzeuge überhaupt noch fahren.

Schwer genug fällt es ihnen aber doch. Alle paar Minuten muss der Beifahrer aussteigen und aus mitgeführten Wassereimern oder am Straßenrand befindlichen

Brunnen, den inzwischen schon wieder kochenden Motor kühlen.

Die Fahrt dauert dann auch 14 Stunden, die man im besten Fall auf dem ebenfalls überfüllten Dach des Busses Verbringt.

Aber man kann auch mit dem eigenen Auto fahren. Die immer phantastischer werdende Landschaft entschädigt einen sicher dafür, dass vielleicht eine Brücke fehlt und man mit viel Schwung und noch mehr Glück durch eine improvisierte Furt muss.

Oder entschädigt einen dafür, dass man laufend nur knapp einer Gehirnerschütterung entgeht, wenn die Straße wieder einmal mehr einem Maultierpfad ähnelt.

Aber die Landschaft entschädigt wirklich. Und vor allem erreicht man endlich Bamyan.

Diesen alten buddhistischen Zufluchtsort mit seinen zwei gewaltigen Buddha Statuen, die eine fast 60, die andere 40 Meter hoch, beide in den Berg gehauen, umgeben von vielen kleinen Statuen und den Wohnlöchern der Mönche.

Sollte das eigene Auto noch fahren, hat man noch Zeit, so sollte man auf alle Fälle weiter ins Gebirge fahren, zu den fünf Seen von Bande Amir, die man sicher als Naturwunder bezeichnen kann.

Es sind fünf schräg übereinander liegende Seen, die bei günstiger Beleuchtung jeder eine andere Farbe haben und durch kleine Wasserfälle verbunden sind.

Der unterste See hat seinen Wasserspiegel, gehalten an drei Seiten durch einen natürlichen Damm, etwa 15 Meter über dem umgebenden Gelände.
Das Campieren unterhalb dieses Naturdeiches ist verboten. Man kann nur hoffen, dass er noch lange hält, auch wenn er am oberen Rand oft nur einen Meter breit ist.
Das Wasser ist selbst im Sommer kalt und glasklar.
Wer mag, kann Pferde mieten und die Schönheit und Wildheit der Gegend vom Rücken der Pferde aus bewundern.
Außerdem gibt es ein Teehaus und ein Hotel, das heißt eigentlich nur ein großes Zelt. Ansonsten ist man noch von den Segnungen des Tourismus verschont.
Fährt man dann nach einigen Tagen wieder zurück, so muss man bis Bamyan wieder dieselbe Straße benutzen, kann dann aber später in einem großen Bogen in nordost Richtung nach Dosi fahren. Mit Glück und pfad-finderischer Intuition kommt man vielleicht durch.
Die kahlen wildzerklüfteten Täler und das Hochland sind wieder genug Entschädigung für alle Mühen.
Erreicht man dann wieder Kabul, ist man erstaunt, dass es in diesem Land so phantastische und schöne Gegenden gibt, wo selbst die Armut der Bergstämme noch bunt und stolz ist.

Ganz früh fahren wir weiter.
An der afghanisch-pakistanischen Grenze gibt es kein Problem.
Wir erreichen den berühmten Khyber Pass.
Er darf nur tagsüber mit Motorfahrzeugen befahren werden. Die einheimischen Fahrzeuge sind hoffnungslos

überladen. Wir staunen nur, wieviel Ladung oder
Menschen man auf einem Motorrad oder Kleinbus
unterbringen kann, von den LKW ganz zu schweigen,
aber das Bild kennen wir ja schon.

Wir bestaunen die Eisenbahnlinie, die sich abenteuerlich
am Berg entlanghangelt. Es muss Spaß machen, hier mit
der Bahn entlang zu fahren.

Aber auch die Straße ist interessant.

Nur die Felswand, an der die Gedenktafeln aller
englischen Regimenter sein sollen, die hier mehr oder
wohl weniger erfolgreich kämpften, sehen wir nicht.
Dafür ist die Straße gelegentlich zweigeteilt, rechts für
Autos, links für Kamele, wie das witzige Verkehrsschild
anzeigt.

Zwischendurch machen wir Pause und trinken in einem
Dorf einen Tee, wobei wir von zwar waffenstarrenden
aber ziemlich abgerissenen Typen bestaunt werden. Sie
haben eine erstaunliche Vielfalt der verschiedensten
Waffen vom uralten Karabiner bis zur Kalaschnikow
umhängen. Ein abenteuerliches Völkchen.

Von Moslems und Hindus

In Peschawar müssen wir noch zur Touristen
Registrationsstelle, das soll Vorschrift sein.
Aber bald geht es zügig weiter bis Rawalpindi.
Dort ist eine VW-Werkstatt, wo wir den 500 Km Service
wegen der Garantie durchführen lassen wollen.

Wir übernachten auf dem Gelände des Christlichen
Vereins junger Mädchen.
Wehe dem armen Mädchen, was sich hierher verirren
sollte. Wir sind die einzigen Gäste zwischen einem
Haufen Pakistani.
Es gibt eine Dusche mit einem alten Wäschezuber als
Wanne. Immerhin.

Gleich früh fahren wir zur Werkstatt.
Aber es wird gerade gestreikt. Alles gute Zureden nützt
nichts.
Die Streiker stehen vor der Tür und palavern und
schimpfen auf die Kollegen, die drinnen sitzen und
arbeiten wollen.
Habe ich richtig gehört? Drinnen wollen welche arbeiten?
Also fahren wir in die Werkstatt, obwohl die Mini-
revolutionäre uns aufhalten wollen und gegen den Bus
trommeln.
Als die Inspektion fertig ist, ist auch der Streik schon
vorbei und wir kommen unbehelligt wieder hinaus.

Wir müssen uns eine Roadpermission in Islamabad zum
Befahren des Grenzgebietes besorgen.

Eine ganz moderne Stadt mit vielen protzigen Verwaltungsgebäuden.

Wir treffen einen mittelalten Europäer, der uns bittet, mitfahren zu können, denn sein Wagen stände in Lahore. Er habe seinen Pass verloren und musste deshalb dorthin. Wir nehmen ihn mit, aber er fängt an zu reden als wir losfahren, wiederholt sich permanent, die Sonne muss ihm das Gehirn versengt haben, und hört auf zu reden als wir liegenbleiben, um dann alleine weiter zu trampen.

Genau: Liegenbleiben.
Der Bus springt nicht mehr an, nachdem wir ihn an einem Bahnübergang ausgeschaltet haben.
Auch Anschleppen nützt nichts.
Die Batterie kocht, wir haben irgendwo einen Kurzschluss, den wir aber bald am Starterkabel finden.

Wir fahren ausnahmsweise auch hier bis spät in die Nacht, um nahe an die indische Grenze zu kommen, die morgen um 8.00 Uhr aufmachen soll.

Dafür erleben wir noch etwas Tolles:
Die Straße ist gesperrt und wir müssen auf einen parallelen Feldweg ausweichen.
Die Armee übt einen Parademarsch auf der Straße.
Wann kann man sonst schon mal die Vokabeln stolpern, stapfen, tapsen, latschen, trampeln oder schlurfen für eine Parade benutzen.

Um sieben sind wir an der Grenze.
Es warten schon rund 20 Autos, um acht sind es schon 60.

Geöffnet wird die Grenze dann um neun.
Es geht los.

Ein riesiger Pulk von Trampern und Fahrern stürmt auf
den einzigen Tisch zu, der für die Abfertigung aufgestellt
wurde.
Die Pakistani stehen daneben und grinsen.
Nach einiger Zeit und nachdem der Tisch und der hilflose
Grenzer schon von der Menge bis an die Wand geschoben
wurden, gibt man Nummern aus, die dann erkämpft
werden wollen.
Danach geht es relativ flott voran.
Gegen Mittag sind wir durch.

Dabei beobachteten wir, dass die pakistanischen LKW an
der Grenze entladen werde. Trägerkolonen schleppen
dann die Waren zum Zoll und weiter zu einem auf der
anderen Seite wartenden indischem LKW, den sie dann
beladen. In umgekehrter Richtung ist es dasselbe Bild.
Auf nach Indien.
Ein Posten, fünf Minuten Wartezeit, dann haben wir
unsere Pässe wieder.
Nanu. Wie schön.
Denkste, nächste Kontrollstation.
Jetzt geht der Zauber erst los.
Wir müssen uns wieder anstellen und die Pässe abgeben.
Warten, warten, warten, warten.
Seltsamerweise landen unsere Pässe immer wieder ganz
unten, da der Grenzer die Neuankommenden immer oben
auflegt.
Udo liegt auf dem Rasen und fühlt sich diesmal nicht gut,
Ede hält mich fest, um einen Krieg zu vermeiden.

Mit oder ohne Aufstand sind wir die letzten, die gegen 21.00 Uhr abgefertigt werden, dafür "problemlos", denn die Inder wollen jetzt auch nach Hause.
Wir müssen einen gleich bis nach Amritsar mitnehmen, wo wir dann auf dem Busbahnhof übernachten.

Die nächste Nacht verbringen wir auf dem Dach eines Pumphäuschens in Richtung Delhi.

Bei einem Monsumgewitter regnet es an unserer "Verkaufsklappe" durch, das Dach darüber ist etwas durchgerostet.
Auf einer Straßenbaustelle besorgen wir uns Teer und gießen die Regenrinne aus. Wasserdicht ist sie jetzt, aber bei Hitze läuft dafür nun Teer an der Scheibe runter.
Aber wen störts, wir bleiben trocken.

Das Fahren in Delhi ist wieder ein Abenteuer. Ein irres wimmeln vor Menschen, Fahrrädern, Rikschas und allem was sich bewegen lässt.
Die Straßen sind dicht und wir kommen oft nur im Schritttempo vorwärts. Das ist aber fast angenehmer als wenn der Verkehr dann fließt und ich nie weiß, wer als nächstes unerwartet quer kommt oder sonst noch nie von Verkehrsregeln gehört hat. Was ich zumindest von den heiligen Kühen auch nicht erwarte.

Wir finden nach einer Rundfahrt einen Platz vor einem Schwimmbad und baden ausgiebig.
Außerdem gehen Udo und ich mal wieder zum Barbier, was gut tut. Das "Friseursalon" macht zwar einen

"einfachen" Eindruck, denn er ist nur eine zur Straße hin offene Bude, aber die Rasiermesser sind wenigstens scharf.

Wir wollen uns die Stadt später ansehen und fahren weiter in Richtung Jaipur.

Wir sehen den ersten Arbeitselefanten.

Unser Schlafplätzchen legen wir abseits der Straße an einem kleinen verfallenen Tempel auf einem Friedhof unter einem Baum ein.

Der Mond scheint sehr hell und Ede und ich beschließen, ein Foto von diesem bizarren Motiv, Mond über Tempel, zu machen. Belichtungszeit rund fünf Minuten.

Wir haben gerade das Stativ aufgebaut, als es zu Spuken anfängt.

Hyänen? Hunde? Geister?

Es jault und heult ganz fürchterlich um uns herum.

Ganz schnell sind wir wieder im Bus.

Wir bewaffnen uns mit einem Messer und der Axt, Udo begleitet uns, da er nicht alleine im Bus bleiben will, und dann machen wir doch noch unser Foto.

Unbehelligt.

In Amber besichtigen wir eine herrliche Palastanlage, in der man sich verlaufen kann und einen schönen Tempel, Dschagat Schiromani Tempel.

Gegen Abend sind wir in Jaipur.

Es ist noch hell genug, um durch die Stadt zu bummeln.

Gegenüber vom Palast der Winde werden wir in ein Geschäft abgeschleppt. Der Besitzer ist ein richtiger

Sammler und zeigt uns auch seine unverkäuflichen
Stücke und erzählt äußerst interessant.
Seine Söhne treten derweil von einem Bein aufs andere,
sie wollen lieber verkaufen.

Wir fahren zum Übernachten zurück an den künstlichen
See in Amber.
Zum Frühstück sind wir noch einmal bei dem Laden-
besitzer eingeladen.
Anschließend sehen wir uns Gaitor an und sind auch zum
Lunch wieder bei unserem Händler.
Obwohl er extra ohne Chili gekocht hat, wie er versichert,
hebt sich bei uns fast die Schädeldecke, so scharf ist das
Essen.
Sogar seine Söhne haben es aufgegeben, uns was
verkaufen zu wollen, lassen ihn erzählen und sein
interessiertes Publikum, nämlich uns, genießen und
zuhören.

Als wir weiterfahren, machen wir einen Stopp in Fatelpur Sigri, einer alten verlassenen Stadt, die 1574 größer als London gewesen sein soll.

Wir können uns das nur schwer vorstellen bei dem, was wir jetzt noch sehen.

Wir sehen uns die Jama Masjid oder Freitags Moschee an, die 1571 von Akbar begonnen wurde.
Eine Herrliche Anlage.

Im Innenhof steht das Marmormausoleum des heiligen Salim Chishti, mit einem wunderbar geschnitzten Marmorgitter.

Wir liften symbolisch den Hut vor Akbar, der tolerant gegenüber allen anderen Glaubensrichtungen war und auch deren architektonische Stilelemente mitverwandte.

Auf der Westseite des Siegestores steht eine Inschrift:
Und Jesus - Friede sei mit Ihm - sprach:
Die Welt ist eine Brücke; überschreitet sie, doch verweile nicht auf ihr.
Der welcher eine Stunde lang hofft, mag eine Ewigkeit hoffen.
Der Welt gebührt eine Stunde,
verbringe sie in Andacht.
Der Rest ist ungewiss.

Gegen Mittag erreichen wir Agra.

Sikandra, das Grab Akbars, eine Nachbildung seines Palastes in Fatelpur Sikri sowie das Rote Fort, sind unsere ersten Stationen.

Und dann das Taj Mahal.

Tatsächlich mit das schönste und ausgewogenste Bauwerk, das ich kenne.

Wir bewundern herrliche Einlegearbeiten mit Halb-edelsteinen und unwahrscheinliche Marmorgitter.

Wunderschön, auch wenn kein Werbesonnenuntergang stattfindet sondern ein Monsunregen.

Und das Bauwerk nur aus lauter Liebe.

Am nächsten Tag erreichen wir Gwalior.
Eine gewaltige Festung tront über der Stadt, die heute als
Internat dient. 2000 Schüler sollen dort leben, erzählt man
uns.
Es regnet und regnet.
Wir bräuchten ein Unterseeboot.

Khajuraho, eine Tempelanlage südindischen Stils mit
Fresken, die alle Arten des Liebesspiels zeigen.
Bumsen in allen Stellungen und mit allen möglichen
Partnern. Vom Esel bis zum Löwen.
Natürlich auch zwischenmenschlich.
Teils mit Hilfestellung, denn sonst würde man/sie sich die
Knochen brechen bzw. was abbrechen, wenn er/sie nicht
gestützt oder gehalten würden.
Unsere Fantasie geht durch, wir brauchen eine kalte
Dusche.
Na gut, Monsunregen reicht vielleicht auch.

Wir tuckeln weiter.

Eigentlich schön. Grüne Berge und Wiesen oder Felder.

Eine Erholung für die Augen seit Afghanistan.

Die Straßen allerdings lassen zu wünschen übrig.

Da war es doch einfacher gegen die Eselskarren anzustinken, anstatt gegen die Tata (Mercedes LKW), die uns auf den schmalen Straßen entgegen kommen und uns brutal und fatalistisch auf den unbefestigten Rand abdrängen.

Leben und leben lassen?

Dann doch lieber in den Matsch.

Sie übertreffen noch die abgestumpften Esel und "heiligen" Kühe, die uns oft zu Vollbremsungen zwingen.

Immerhin finden wir am Straßenrand die Reste eines toten Elefanten.

Was macht Ede, er nimmt einen Beinknochen als Andenken mit.

Wir haben ein neues Essen erfunden, nachdem wir es aufgegeben haben, in der einheimischen Küche etwas für unsere Gaumen erträgliches zu finden.

Selbst bei Leckereien vom Zuckerbäcker schlagen uns die Flammen aus dem Mund, so scharf ist das.

Statt Rindfleischkonserven mit Tomaten und Nudeln oder Nudeln mit Rindfleischkonserven und Tomaten ist es mir gelungen, das Rindfleisch so lange anzubraten, bis es faserig wird und ich es wie Hack mit Ei und Zwiebeln und Brot als Bouletten verzaubern kann. Das klappt hervorragend mit dem vitaminisierten Toastbrot, einem Relikt aus der Kolonialzeit.

Ankunft in Benares.
Der Ganges führt Hochwasser und ist ewig breit.
Die Brücke, die wir überqueren müssen ist auch etwas
überspült und nicht sehr Vertrauen erweckend.
Wir kommen aber rüber.

Uns quatscht ein halbstarker Inder an, er will uns die Stadt zeigen, ohne Geld zu verlangen.
Wo lauern die Mörder oder Händler?

Wir stimmen aber zu.
Ab geht es durch wilde Gassen, wenige PKW, viele
Lastwagen, hunderte Fahrräder, tausend Rikschas, ohne
oder mit Insassen oder mit Leichen.
Nanu.
Die Gassen werden immer enger.
Wir parken und gehen zu Fuß weiter.
Ade Würstchenbude.
Welch ein Labyrinth von Gassen, Gässchen und
Gässilein.
Vor uns tut sich der Ganges auf. Breit, braun und reißend.
Unser Führer mietet für uns ein Boot zu einem Preis, der
"einheimisch" ist. Nett.
Wir fahren los.
Ab und zu treiben Tierkadaver vorbei, die von den
Vögeln als schwimmende Futterstellen und Ruheinseln
genutzt werden.

Am Ufer waschen sich die Inder im heiligen Wasser,
ohne sich sofort im Dreck aufzulösen.

Irgendwo haben wir gelesen, dass der Ganges nur
schlammig sein soll aber sonst relativ sauber.
Wenig Industrie ist an seinen Ufern.
Wir wollen trotzdem lieber nicht rein fallen wegen der
Leichen und Krokodile, falls es die gibt.

Gelegentlich sehen wir Verbrennungsstellen für die Toten
und sehr viele Tempel aller Größen
Wir legen an und es gelingt uns, von hinten an ein Feuer
zu kommen und wir machen unbemerkt Fotos von der
Leichenverbrennung.
Lustige Witwen werden nicht mit verbrannt, die wir
hätten retten können.
Schade, Khajuraho spukt noch in unseren Köpfen.

Unser Führer ist doch nicht ganz so selbstlos, wie er behauptet, anyway, denn wir landen dann in einer Sitar-Manufaktur.

Es ist riesig interessant und nach Stunden sind Ede, Udo und ich Besitzer je einer tollen Sitar für einen tollen Preis.

Es ist schon beeindruckend, wie aus Kalebassen und Holz eine schöne, herrlich klingende Sitar wird. Fast nur Frauen und Kinder arbeiten hier.

Um uns zum Kauf anzuregen, erleben wir einige Musik-vorführungen.

Wir sitzen bei Tee auf Kissen und lassen uns bedudeln.

Es ist wirklich eine beeindruckende Musik, etwas fremd und doch eingängig.

Inzwischen haben wir unsere Gepäckbrücke schweißen lassen.

Ede bekommt nichts davon mit, er schläft.

Udo < Seine Fahrerei heute Vormittag muss ihn sehr angestrengt haben.
Dabei war sie für die Beifahrer viel anstrengender, da er immer nur auf Millimeter den entgegenkommenden Lastwagen auswich, und da er schon einmal eine Tanksäule angerempelt hatte, sind wir uns nicht sicher, ob er sich über die Breite unseres Autos im Klaren ist, der Inder. >

Wenn mich Udo noch mal Inder nennt, lege ich ihn um.

Die stehen nämlich immer nur rum und gaffen.

Heute Abend waren es fast 30, die uns rund ums Auto auf der Pelle saßen.

Eine nächtliche Lampenprozession der Dorfbewohner
hatte stattgefunden, da sie die komischen Vögel bestaunen wollten, die da in der Wildnis übernachten.
Wir werden vor Nachtgeistern gewarnt und ein Mord sei
auch schon mal hier geschehen.
Na ja, die Geister.
Als wir endlich alleine sind, sehen wir einen Inder, der
laut singend, um die Geister zu vertreiben, die Straße lang
radelt.
Wir stimmen ein Geheule und Gejaule an, was auch
sofort bewirkt, dass der Radfahrer noch lauter singt und
eine erstaunliche Geschwindigkeit, angstbeflügelt, mit
dem Rad erreicht.
Die Geschichten von den Nachtgeistern haben sich
wieder einmal bestätigt.

Udo und Ede haben ein neues Spiel entdeckt. Im Wagen
ist es ihnen zu schwül und stickig.
Das kleine nächtliche rein - raus Spiel.
Rein in den Bus, raus aus dem Bus.........., usw.
Immer in Abhängigkeit von den Regenschauern.
Irgendwann wird es Ede zu viel und er schläft bei
Nieselregen auf dem Autodach weiter.
Sein Pech, dass aus dem Nieselregen ein Wolkenbruch
wird und er triefend Nass nur noch auf den Vordersitzen
für den Rest der Nacht, von uns akzeptiert wird.

Das Dach der Welt

Wir sind in Nepal. Die Grenzabfertigung ist angenehm lässig.

Wir wollen hinter der Grenze 20.- DM umtauschen, aber unser deutscher Geldschein ist unbekannt.

So wandert er von Hand zu Hand und wird aber schließlich doch getauscht.

Wir machen eine Essenspause in einem Restaurant. Das Essen ist angenehm mild und billig.

Als Zugabe läuft ein Plattenspieler. Welche Klänge mögen das wohl sein? Chinesisch, thailändisch, nepalesisch?

Und doch irgendwie bekannt?

Wir können uns nicht entscheiden.

Also gehen wir zum Plattenspieler und sehen nach.

Was ist es wohl? Es ist eine Beatles-LP, nur langsam abgespielt!

Wir regeln die Geschwindigkeit auf "normal" ein und ernten entsetzte Blicke.

Kaum sitzen wir, wird die Geschwindigkeit wieder zurückgedreht, bis die Musik den nepalesischen Ohren angenehm ist und alle wieder begeistert den Beatles lauschen.

Wir müssen halt mit dem anderen Musikgeschmack leben.

Eine wunderschöne Straße führt uns über Serpentinen bis in den Himmel über den Wolken.

Bergauf, bergauf.

Grüne Regenwälder, dichter Dschungel, verwachsene und übermooste Bäume, Lianen, undurchdringlich.

In den Wipfeln hängen die Wolken. Bäche, hin und wieder eine kleine Mühle. Schade für jeden, der nicht mit dem Auto nach Katmandu fährt.

Wir sind froh, dass unser Bulli mit dem neuen Motor alle Steigungen der guten Straße schafft.

Wir erreichen Katmandu.
Am Anfang der Stadt müssen wir fünf Rupien "Eintritt" bezahlen.
Aber das soll ja im Mittelalter bei uns auch üblich gewesen sein.

In Katmandu verirren wir uns erst mal gründlich, die Beschreibungen von Werner sind nicht mehr ganz aktuell. Am nächsten Tag fahren wir nach Patan, wo die Souvenirs billiger sein sollen.

Sind sie aber nicht. Deshalb beschließen wir nach Pokhara weiter zu fahren. An einer Gebührenschranke erfahren wir, dass die Straße unterbrochen sein soll, wir könnten aber bis zu einer kaputten Brücke und die Land- schaft genießen, dann müssten wir zurück.
Natürlich dann nur gegen halbe Straßengebühr, denken wir.
Der Kassierer denkt darüber anders, also fahren wir nicht.

Außerdem müssen wir sowieso nach Katmandu zurück, um uns eine "Road permission" zu besorgen, hat man uns gesagt.
Im Office ist aber anscheinend für jede Straße eine andere Dienststelle zuständig zu sein.
Endlich nach einigen Wanderungen durch das Gebäude finden wir einen englisch sprechenden Officer, der für die Straße nach Pokhora zuständig ist.
Tatsächlich ist Pokhora zur Zeit nur von Indien aus erreichbar.
Von einer Straßenbenutzungsgebühr weiß er aber nichts.
Sollte da jemand sein persönliches Geschäftchen machen wollen?

Wir erkundigen uns nach einer Straßenmöglichkeit zur chinesischen Grenze. aber dafür ist nun das Emigration Office zuständig.
Hin.

Wir erfahren, dass keine Genehmigungen nötig seien und es löst sich auch das Rätsel der Straßengebühr, denn dafür seien die Kommunen zuständig und die können das machen, wie sie wollen.
Wir beschließen, einfach loszufahren.

Aber 20 Kilometer vor der Grenze ist die Straße verschüttet.

 Seit einem Monat und es mag auch noch mal so lange dauern, bis sie wieder frei sei, sagt man uns. Einige Touristen seien zu Fuß gelaufen, vier Stunden angeblich.
Uns sticht der Hafer und wir marschieren um 14 Uhr los, nachdem wir den Erdrutsch überklettert haben.
Immer bergauf.
Vom Himalayamassiv zeigt sich nichts, stattdessen regnet es.
Nach vier Stunden sind wir noch drei Kilometer von der Grenze entfernt, es dunkelt bereits. So beschließen wir,

irgendwo zu übernachten, die Beine wollen auch nicht mehr so richtig mitmachen.

Wir sehen ein Office, Militär. Aber man will uns nicht helfen und die Englischkenntnisse lassen schlagartig nach, als sie schnallen, was wir wollen.

So übernachten wir in der Nähe im Regierungsgästehaus. Es ist eine richtige große Villa, aber leider noch im Bau, die am Hang klebt.

Ein Hotel, das hier irgendwo sein solle, finden wir nämlich nicht.

Was eine Nacht.

Es ist saukalt, selbst auf einer Holzgalerie, wo wir wenigstens nicht auf dem kalten Steinboden liegen müssen.

Wir kuscheln uns aneinander, um uns gegenseitig zu wärmen. Aber wir sind nicht "warm" genug, um nicht trotzdem zu frieren.

Irgendwie vergeht die Zeit nicht.

Alle halbe Stunde, wenn ich auf die Uhr sehe, ist diese erst fünf Minuten weiter gegangen.

Ganz früh an Morgen marschieren wir weiter, nachdem wir unsere klammen und steifen Knochen eingeschaukelt haben.

An der Grenze ist fotografieren verboten. Was denn? Die zwei kleinen Wachhäuschen?

Der Himmel ist immer noch bedeckt und das atem-
beraubende Panorama müssen wir uns denken.
Wofür und warum sind wir eigentlich hierher gelatscht?

Auf dem Rückweg sehen wir das sogenannte Hotel.
Es ist eine der kleinen grauen windschiefen Holzhütten
am Straßenrand und kaum als "Hotel" zu erkennen.
Wenigstens bekommen wir einen heißen Tee zu trinken.
Auf jedem Fall wäre es hier wärmer als in unserer
zugigen Bude gewesen. Außerdem bedienen zwei ganz
nette Mädchen. Aber dafür haben wir uns keine Läuse
geholt.
Ein frustrierter aber wenigstens nicht durchgefrorener
Ami sitzt auch dort.

Den Rückweg schaffen wir in drei Stunden, jetzt geht es
meist bergab und der Stall zieht.
Die Socken qualmen und verdichten den wieder aufge-
zogenen Nebel um uns herum.
Unser Auto steht noch am alten Platz.
Endlich wieder in Katmandu gehen wir erstmal ordentlich
essen.

Unser nächstes Ziel ist Bhadgaon.
Vorher wollen wir ein Schlafplätzchen finden, möglichst vor der ersten Straßengebührenschranke.
Udo und Ede nehmen ein Hinweisschild nicht ernst und fahren an einer oder der Abzweigung vorbei. und so sehen wir dann die Stadt in der Ferne vorbeiziehen.
Sie beschließen den nächsten Feldweg in diese Richtung zu nehmen. überlegen es sich aber im nächsten Dorf wieder und kehren um.
Dabei gerät Ede am Steuer auf dem schlammigen Boden in ein Wasserloch. Der Bus schlingert und schleudert, Ede erschrickt und bremst.
Damit stehen wir mitten in der Pampe und stecken fest.
Mit viel Mühe gelingt es uns aber nach einiger Zeit wieder flott zu werden.
Ein zuschauender Einheimischer erklärt uns dann den Weg, der sich als schmale Gasse mit rechts und links zehn Zentimeter Luft, erweist.
Der Nepalese ist wohl immer mit dem Esel hier lang und da war viel Platz.
Trotzdem stehen wir plötzlich auf dem Durbar Square.
Wir schlafen hier im Kreise von Tempeln.
Am nächsten Morgen sind wir von den frechen und aufdringlichen Affen genervt, die übers Auto toben.

Die Tempelanlagen von Bhadgan sind auch wieder ver-wahrlost und verkommen.
Sogar die herrlich geschnitzten Fenster der Tempel hängen schief in den Angeln.
Wie schade.

Auch die Souvenirläden enttäuschen uns und wir fahren wieder nach Patan, wo wir die Läden schon kennen und dann einkaufen gehen.

Es gelingt uns dann auch mit viel Mühe einige wenige brauchbare Dinge aus dem Scheiß auszusortieren.

Gegen Nachmittag durchstöbern wir auch noch die Läden in Katmandu und sehen uns den Bodhnath Stupa an, einen Tempel in der hier vorwiegenden Bauart. Sieht aus wie eine große liegende Brustwarze, soll aber einen Penis darstellen.

Auch hier ist der Zustand der Tempel traurig.

Am Pashupati Nath, einem Tempel am Fluss, gelingen uns nochmal Fotos von einer Leichenverbrennung.
Es stinkt und der Anblick ist auch nicht sehr erbaulich.
Wir schlafen im Bus auf einem Hügel über den Tempeln unter Derwisch- und Hundegeheule ein.

Die Tempelanlage in Balaju ist unser letzter Kulturpunkt, der sich dadurch auszeichnet, dass ein Schwimmbad in der Nähe ist, welches wir ausgiebig nutzen.
Überraschenderweise sind wir die einzigen Gäste in dem 25 Meter Becken.

Am Abend suchen wir unseren Freund aus dem Reisebüro noch mal auf, den wir kennengelernt hatten. Er schenkt jedem von uns zum Abschied eine nepalesische Stoff-kappe, die auf einer Seite höher ist und das Himalaya-massiv symbolisieren soll.
Es erzählt uns, dass es an zwei Stellen in Nepal noch Nashörner geben soll, denn wir hatten uns gewundert, dass z.B. auf den Münzen Nashörner zu sehen sind.
Wie lange wohl noch?

Zur Guten Nacht gibt es Haschischkuchen.
Schmeckt wie Lebkuchen.
Wirkung?
Ich habe sie wohl verpennt - oder das war die Wirkung, während Udo und Ede am nächsten Morgen wie besoffen sind.

Westwärts

Werner hat uns geschrieben, dass er uns in Delhi wieder treffen möchte.
Mal sehen, ob unsere Zeitplanung klappt, jedenfalls sind wir auf dem Weg zurück nach Indien.

Wir schlafen wieder an der alten Stelle im Gebirge an dem Bach, der diesmal bedeutend reißender ist. Es ist fast wie im Schwarzwald.
Als wir aufwachen fehlt doch tatsächlich ein Stück des Weges, von der Straße zum Bach, den das Wasser weggerissen hat.
Zum Glück reicht der Rest aber in der Breite gerade so, dass wir wieder auf die Hauptstraße kommen.
Das hätte anders ausgehen können.

Unser Reisebürofreund hat uns die Adresse seiner Eltern in Gorakpur gegeben, die wir unbedingt besuchen sollen.
Wir machen uns also auf den Weg und biegen zwischen Araraj und Gopalanj von der Hauptstraße ab, um eine Fähre über den Gaudak zu nehmen.
So war`s jedenfalls gedacht.
Die Leute, die wir fragen, geben auch alle zu, dass es eigentlich möglich sei den Fluss per Schiff zu überqueren, raten uns aber ab, denn es ist Hochwasser.
Lieber sollen wir den riesigen Umweg über Patna wählen.
Aber wer nicht hören will.
Wir nähern uns der Anlegestelle, aber erst fährt Ede den Bus noch in einen Quergraben und wir müssen ihn freischaufeln.

Der Weg zwischen dem dichten Schilf zum Fluss wird immer matschiger und ist allmählich nur noch ein morastiger Pfad.
Wir halten an und Udo und Ede gehen lieber erst zu Fuß weiter, um die Fähre zu begutachten.
Grinsend aber blass um die Nase, kommen sie nach einiger Zeit wieder.
Ich soll ruhig weiter fahren.
Nachdem wir einige Schlammlöcher durchrutscht haben, stehen wir vor der Fähre.
Vor was bitte?!?!

Ein uralter hölzener Segler liegt dort am Ufer.
Zwei Bretter dienen seitlich als Auffahrtrampe.
Wo ist die Fähre?
Das ist die Fähre.
Wieso schwimmt der Kahn überhaupt noch?
Aber wenn es denn halt sein soll.

Mit Schwung schaffe ich ein Schlammloch, treffe die
Bretter - und der Motor geht aus.
Und springt nicht mehr an.
Immerhin verfügt der Kahn über eine zehnköpfige
Mannschaft (warum) und diese schiebt uns den Bus
wieder aufs Trockene und anschließend an.
Also noch mal von vorne.
Schwung, Schlammloch, auf die Rampe, hoch aufs
Deck...., ein hinterer Reifen rutscht vom Brett ab, bumst
gegen die Bordwand....aber unser Schwung bringt uns

doch noch nach oben,
Hops, Vollbremsung.
Der Nachen ist genau
so breit, wie unser
Auto lang ist.

Es geht los, der Fluss
ist zur Zeit gut 500
Meter breit.

Erst lassen wir uns mit der Strömung treiben und dann versucht man unter Segel wieder stromaufwärts zu kommen.

Das klappt aber nicht ganz.
Jetzt wissen wir, wofür die große Mannschaft da ist, denn nun ziehen, schieben und staken die Männer das Schiff am Ufer bis zur Anlegestelle.
Eine Heidenarbeit, denn das Ufer ist schlammig und schilfig.

Wir haben inzwischen festgestellt, dass ein Reifen vorne platt ist, können ihn aber nicht an Bord wechseln, denn der Wagenheber bricht durch die nicht mehr neuen Decksbretter.
Natürlich springt der Bus auch nicht an.

Also wird er auf die Rampenbretter geschoben, die ja mitgenommen worden waren und ich rolle bremsend von Bord.
Udo erzählt mir später, dass links die Räder nur zur Hälfte auf dem Brett waren.
Wie gut, dass man manches nicht gleich weiß.

Nun stehen wir also am schlammigen Ufer und wechseln den Reifen, damit man uns besser anschieben

kann, was dann auch gemacht wird und endlich auch zum
Erfolg führt, der Motor läuft.

Rutschen, seitwärts schlingernd, erreichen wir festen
Boden.

Ob auf dieser Fähre schon mal ein Auto transportiert
wurde?

Ich will das lieber nicht genau wissen.

So etwas wie heute früh, haben wir noch nicht erlebt. Seit
einer Stunde umkreist der männliche Teil der Einwohner
des nächsten Dorfes, etwa 25 Inder, unseren Bus und
wartet, dass etwas passiert, dass wir aufstehen und etwas
tun.

Wir rühren uns nicht.

Also versuchen sie, uns wach zu bekommen, reden lauf,
husten, probieren die Türklinken aus oder bumsen an den
Bus.

Die Seitenspiegel haben sie auch schon zurechtgebogen,
um sich besser betrachten zu können.

Udo < Und dann passiert endlich etwas.
Die Seitentür fliegt auf, Hartmut jumpt aus dem Auto und
blöckt das Volk an.
Wie ein Furz im Wind sind plötzlich alle verschwunden
und stieben auseinander.
Zufrieden kraucht Hartmut wieder in seinen Schlafsack.
Na ja, lange dauert es nicht, bis sich die mutigsten oder
neugierigsten wieder ans Auto trauen.
Wir geben auf.
Unsere Tür öffnet sich langsam.... und die Filzläuse
laufen wieder um ihr Leben. I
Immerhin tröstet uns dieser Anblick. >

Wir fahren bald los.

Wir wollen noch nach Kasia, dem Todesort Buddhas.

Aber nach vier Stunden geben wir es auf.

Auch wenn wir nur einigermaßen gebildet aussehende Inder fragen, weist uns trotzdem jeder in eine andere Richtung.

Dabei haben wir schon gelernt, bei der Frage nie in eine Richtung zu zeigen, denn dann ist die Antwort immer ja.

Man ist zu höflich um zu sagen, dass man etwas nicht weiß. Lieber machen sie uns die (kurzfristige) Freude, einen Weg zu nennen.

Wir fahren zur Ravi`s Eltern.

Überraschenderweise werden wir zum Rekrutierungs-büro der indischen Armee verwiesen.

Nanu. Nicht doch.

Es stellt sich heraus, dass Ravi`s Vater noch Captain unter den Engländern war und heute im militäreigenen Basar einen Stoff- und Kleiderladen betreibt.

Wir geben ihm den Brief von Ravi und werden einge-laden, über Nacht zu bleiben.

Es gibt Fisch zu essen, sehr lecker und uns zu Liebe nicht so scharf gewürzt.

Wir schlafen auf der Veranda unter Moskitonetzen.

Am nächsten Morgen ist auch Ravi da und es wird ein sehr netter Vormittag, bis wir Richtung Delhi weiter-fahren.

Unser neuer Motor braucht inzwischen auf 100 Kilometer einen Liter Öl.

Das darf doch wohl nicht wahr sein.

Ich versuche noch, mir ein paar Latschen zu kaufen, aber meine Füße sind nicht breitgetreten genug, so dass ich keine passenden bekomme.

In Delhi angekommen, hinterlassen wir für Werner eine Botschaft auf dem Hauptpostamt und suchen das von ihm beschriebene Jugendhotel, das wir endlich auch finden. Siehe da, Werners Sachen liegen dort schon, er ist aber selbst gerade nicht da.

So fahren wir zur VW-Werkstatt, wo wir einen Termin für Freitag bekommen.
Allerdings reparieren sie nicht auf unsere eigentlich noch gültige Garantie. Es sei unsere Sache, das Geld aus Kabul zu bekommen.
Der Witz ist gut.

Wir treffen Werner an verabredeter Stelle und fahren zusammen zur Herberge zurück.
Eine unschöne Diskussion beginnt mit Werner, inwieweit er sich an den ganzen Reparaturkosten vom Bus beteiligt.

Udo und ich schlafen vor der Herberge im Bus.
Zum Glück, denn in der Nacht bemerken wir, wie jemand versucht, die Seitenscheibe aufzudrücken.
Udo bumst von innen gegen die Scheibe und der Dieb verschwindet wieder in der Dunkelheit.
Im Nachherein bedauern wir das, eigentlich hätten wir doch lieber den Möchtegerndieb verhauen sollen.

Da wir finanziell inzwischen knapp sind, beschließen wir, den kürzesten Weg zurück zu fahren, also wieder durch Afghanistan.
Außerdem können wir ja versuchen, die Kosten für die jetzige Reparatur erstattet zu bekommen.
Versuch macht Kluch.

Neue Passbilder müssen wir auch machen lassen, die alten sind für die vielen Visaanträge aufgebraucht.
Und Kultur gönnen wir uns auch, inclusive der nicht rostenden Eisernen Säule, was Udo doch sehr fasziniert.
Rote Fort, Freitagsmosche und so weiter.
Viel Spaß macht uns das Fahren in den Motorradtaxen.

Schwere Maschinen vorne, ab hinter dem Fahrersitz ein bunt geschmückter, offener Wagen mit Dach, in dem eigentlich vier Personen rechts und links in Längstrichtung sitzen können, aber wer zählt schon die Passagiere und ihr Gepäck.
Bei Regen können Planen an den Seiten herabgelassen werden.

Leider ist das seit drei Tagen nötig.
Trotzdem genießen wir es, gefahren zu werden und nicht
selbst aufpassen zu müssen, niemanden überzumangeln.

Außerdem sehen wir uns eine Propagandaschau der
indischen Armee an, auf der sie erbeutete pakistanische
schwere Waffen ausstellen.

Ein Tag in der VW-Werkstatt.
Dagegen war ja Kabul schnell. Das Einstellen der
Kupplung dauert geschlagene zwei Stunden.
Außerdem erfahren wir unter der Hand, dass keine
original VW-Kolbenringe eingebaut wurden, obwohl aber
dieser Preis berechnet wird.
Wofür sind wir eigentlich in eine Vertragswerkstatt
gefahren????
Um dann doch in Kabul den Preis nicht erstattet zu
bekommen.
(Mal vorgegriffen: Natürlich bekommen wir trotz
Garantie das Geld nicht ersetzt.
Und das Antwortschreiben von VW in Wolfsburg, als wir
uns später in Deutschland beschweren, ist nur eine
Unverschämtheit. Was hätten sie mit den (Vertrags)-
Werkstätten im Ausland denn zu tun???)

Wir tauschen Geld.
Auf der Bank wechseln wir Rupien in DM zurück, und
tauschen diese dann auf dem Schwarzmarkt wieder in
Rupien. Es lohnt sich.
Dabei versucht der Schwarzhändler uns zu bescheißen,
und das geht folgendermaßen:

Der Inder bietet uns einen sehr guten Kurs, so dass wir mit ihm um die Ecke gehen.

Dort mimt er den Ängstlichen, da Schwarztauschen ja verboten sei.

Vorsichtig zählt er uns die gebotenen 990 Rupien vor. Da kommt ein anderer um die Ecke und sieht ihm über die Schulter und deshalb verschwinden die Rupien erstmal vorsichtshalber wieder in seiner Tasche.

Als der andere wieder weg ist, gibt er uns das Rupien Bündel und will dafür unsere DM.

Leider für ihn, zählen wir aber doch die Rupien noch einmal nach. Und siehe da, es sind nur noch 350.

Er hatte nämlich die Rupien diesmal aus der anderen Hosentasche gezogen.

Pech für ihn, dass wir das gemerkt haben.

So zieht er dann unter vielen Vorwänden unverrichteter Ding ab, frustriert, aber wenigstens ohne noch Prügel bezogen zu haben.

Von weitem sehen wir schon, eine Weile hinter Delhi, eine große Wolke Geier am Himmel.

Neugierig fahren wir weiter und halten bald an einem, na
was eigentlich? Einem Schlachtplatz?
Jedenfalls, neben der Straße unter freiem Himmel,
werden die doch heiligen Kühe geschlachtet.
Es stinkt erbärmlich, die Knochen mit den Fleischresten
vergammeln in Bergen unter der Sonne und hunderte
Geier streiten sich um die Reste und schleifen die
Gedärme oder anderes Aas durch die Gegend oder
beobachten die Inder, die hier im Dreck auf der nackten
Erde diesem Job nachgehen.

Die Leute arbeiten nicht nur hier, sie wohnen auch gleich nebenan. Es ist uns unverständlich, wie man in dem Gestank arbeiten und leben kann.

Gewöhnung ist halt alles.

Sie gehören einer ausgestoßenen Kaste an und haben auch jetzt noch keine Chance, etwas anderes zu machen. Die Kaste, in die man hineingeboren wird, behält man sein Leben lang.

Was eine Gesellschaft.

Außerdem vergeht uns der Appetit auf Fleisch komplett, denn von Hygiene ist hier keine Spur. Der Boden ist blutgetränkt und das Fleisch liegt auch einfach auf der Erde und dazwischen laufen die "Metzger" barfuß herum und neben den Geiern werden auch die Hunde dick und fett.

Wir befürchten, als wir uns das ansehen dauernd, dass uns irgendwelche Reste auf den Kopf platschen, die ein Geier in der Luft fallengelassen hat.

Es ist jetzt trocken, aber was muss hier bei Regen los sein, wenn der Dreck und das Blut aufweichen oder auch in der ganz großen Hitze, wenn es noch mehr stinkt und der Himmel auch noch von Milliarden von Fliegen schwarz ist?

Wir halten uns nicht übermäßig lange auf und sogar Ede fotografiert schneller.

Wir erreichen Amritsa mit dem Goldenen Tempel, dem Heiligtum der Siks.

Der Tempel liegt inmitten eines künstlichen Sees, umgeben von schönen Gebäuden, deren Bogengänge direkt am Wasser anschließen und deren grelles Weiß uns in der Sonne blendet. Die dicken Fische im Wasser lassen

uns Hunger bekommen, aber angeln wollen wir doch lieber nicht. Bestimmt sind die wieder heilig.
Dabei hätte ein schöner Fisch im Topf doch heute seinen besonderen Reiz, nachdem wir ja erlebt haben, wo das Fleisch her kommt.

Trotz aller anders lautender Propaganda ist die Grenze auf indischer Seite nach Pakistan nur am Donnerstag geöffnet.
Also müssen wir bis morgen warten.

Erstaunlicherweise geht es dann aber schnell, denn die Inder fertigen die Autos getrennt von den Trampern und Fußgängern ab und auch die Pakistani arbeiten zügig.

Jetzt fehlt nur noch Wasser.
Wir füllen unsere Kanister an einer Pumpe und Ede krümelt unsere Chlortabletten hinein.
Ein Pakistani nervt, bis er auch zwei Tabletten bekommt.
Und was macht er?
Wir trauen unseren Augen nicht, er steckt sie sich in den Mund.
Das kann ihm doch wohl weder geschmeckt haben noch bekommen sein.
Wir jedenfalls fahren weiter, bevor er aus den Ohren schäumt.
Nach einem Abendbrot sogar die Nacht durch, denn die Zeit rennt uns etwas weg.

Um 3 Uhr sind wir wieder am Kyber-Pass, müssen dort aber bis 7 Uhr warten, bevor er öffnet.

In Kabul passiert in der VW-Werkstatt genau das, was
wir erwartet haben.
Nämlich nichts!
Im Gegenteil, man droht uns, uns hinauswerfen zu lassen.

Wir fahren weiter, wieder die Nacht hindurch.
Es ist inzwischen recht kühl, sobald die Sonne weg ist, es
ist der 24. September.
An der Grenze zum Iran fordert der Zöllner ein
Bakschisch, damit er nicht nach Haschisch sucht.
Auf dem Ohr sind wir aber blind, und deshalb durch-
suchen dann die Iraner über eine Stunde lang den Bus. Sie
finden aber natürlich nichts. Wir haben auch keins
mitgenommen.
Ein anständiger Drink ist uns lieber.

Wir müssen noch zum Gesundheitsofficer, der unsere
Impfpässe prüft. Auf dem Fensterbrett sehe ich ein mit
Wasser gefülltes Einmachglas, in dem mehrere Spritzen
stehen, natürlich mit der Nadel nach unten. Der Gedanke,
hier eine Impfung zu bekommen, jagt mir eiskalte
Schauer über den Rücken.
Der Soundsovielte zu sein, der mit derselben Spritze und
einer inzwischen stumpfen Nadel aus dem Wasserglas
geimpft wird, ist nicht witzig. Das Serum hat er bestimmt
auch ungekühlt in einer leeren Weinflasche aufbewahrt.
Zum Glück sollen wir alle nur vier Tabletten schlucken,
gegen alle möglichen afghanischen Krankheiten, die wir
einschleppen könnten.
Was mag das für eine Wundermedizin sein?

Mit fällt noch eine Geschichte aus Afghanistan ein, die uns erzählt wurde.
Danach wurde die dortige Polizei von Deutschen ausgebildet.
Als man dann anfing, die Lastwagen auf Verkehrssicherheit zu überprüfen ging das folgendermaßen vor sich:
Man baute eine Straßensperre auf. Der LKW der hielt, wurde mit Maschinenpistolen umstellt, geprüft und dann müssten die eigentlich immer nötigen Reparaturen, zum Beispiel an den Bremsen, an Ort und Stelle repariert werden.
Offensichtlich die einzige Möglichkeit.

Morgenbad im Kaspischen Meer.
Wir bekommen von Fischern zwei herrliche Fische geschenkt, die wir braten und uns schmecken lassen.

Es geht aber bald weiter.
In Teheran kaufen wir uns einen neuen Teller, ein Sieb und Löffel, die uns irgendwo geklaut worden waren.
Über Quom - nachts, nicht besichtigt, da sowieso das Betreten verboten ist - erreichen wir Isfahan.
Auf dem Weg durchs Gebirge über Amol, sehen wir neben der Straße einen kleinen Geysir, der dort vor sich hin spuckt.
Schon toll.

Wir besichtigen Isfahan. Eine sehr schöne Stadt mit herrlichen Moscheen, die fast alle am Zentralplatz gelegen sind und wunderschöne Mosaikarbeiten zeigen.

Zum Abschluss holen wir unsere Post vom Poste Restante. Das hätten wir besser nicht gemacht.
Alle Briefe warnen uns, arabische Länder zu besuchen, es habe gerade ein Attentat in München zur Olympiade stattgefunden. Sogar Zeitungsausschnitte liegen bei.
Welche arabischen Länder jetzt aber genau betroffen oder beteiligt waren, ist uns nicht klar.
Das wird jetzt natürlich eine schwere Entscheidung.
Wir werden uns informieren.

Persepolis. Wir brauchen wieder einmal viel Phantasie, um uns bei den Trümmern vorzustellen, wie das alles mal ausgesehen haben muss.

Aber bestimmt ganz gewaltig, alleine schon von den Steinmengen her.

Gegenüber ist die Schah- Beweih-räucherungs-Zeltstadt. Die 2500 Jahrfeier soll 100.-DM pro Kopf der Bevölkerung gekostet haben.
Kein Kommentar, wenn man das Jahreseinkommen der Bevölkerung weiß.
Und alle, alle ausländischen Regierungen machten mit.

Schiras. Wir informieren uns beim Touristenbüro, aber dort erwartet man keine Schwierigkeiten für deutsche Touristen wegen München.
Dasselbe sagt ein Reiseleiter von Rotel Tours, den wir treffen. Er ist gerade durch die Länder gefahren.
Na denn, wir auch.

Ede < Wir verlassen Schiras. Ich fahre, Udo macht den
Beifahrer und Werner und Hartmut liegen hinten.
Plötzlich schießt Hartmut hoch.
Haaaaaaalt.
Ich in die Klötze, Udo fast durch die Scheibe.
Hartmut springt aus dem Auto - muss er hinter den
Busch? Oder welcher Urtrieb ist es?
Er rennt drei Häuser weiter zurück. Er hat die wohl
einzige Kneipe !!!!! unter Allahs sonst so strengem Blick
entdeckt.
Schiras ist Weinbaugebiet.
Ein paar Flaschen landen im Auto.
Hicks. >

Wir brettern weiter, was besonders nachts spannend ist,
da nach schnurgeraden Kilometern plötzlich ohne
Vorwarnung 90° Kurven auftauchen, bevor es wieder
geradeaus geht.
Die Erdgasfackeln hin und wieder bieten ein unver-
gleichliches Bild, wenn die Wüste in rotes Licht getaucht
ist.

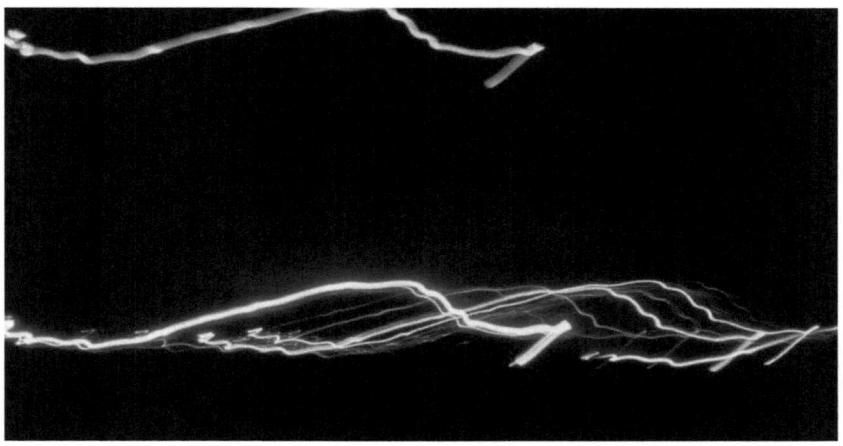

Ich mache ein Foto, bei dem ich während der Fahrt die Fackeln aufnehme und die Linse offen lasse (B). Das Ergebnis ist eine "Fiberkurve" des Straßenzustandes. Kein Wunder, dass die Autos leiden.

An der irakischen Grenze fragen wir noch einmal den Grenzer wegen unserer Sicherheit.
Er erregt sich richtig, dass die Israelis versuchen würden, die Freundschaft zwischen den Irakern und Deutschland auseinander zu bringen.
Natürlich ist alles sicher für uns.
In Bagdad in der französischen Botschaft, deutsche Sektion, beruhigt man uns auch.

Zum Abendessen wollen wir in eines der gelobten Restaurants am Ufer des Tigris gehen. Sie sind für uns aber viel zu teuer.
Wir lassen es und fahren weiter.
Gelegentlich verbreitert sich die Straße gewaltig.
Das sind dann Ersatzflughäfen für das Militär. Wir kennen das aus der DDR.

Am Morgen erreichen wir die Grenze.
Der irakische Posten ist bereits 150 Km vorher an der Gabelung der Straße nach Amman und Damaskus und die jordanische kommt erst 100 km nach der Grenzlinie.
Dazwischen viel Wüste und Niemandsland.
Die Fahrtrichtung wird durch Holzstangen markiert, die alle paar hundert Meter im Sand stecken.
Die einzige Abwechslung ist ein jordanischer Strecken- posten, der gerade Asterix liest.

An der Grenze mährt man sich erst voll aus und anschließend fragt man uns auch noch, ob wir zwei Soldaten bis kurz vor Amman mitnehmen würden.

Wir wollen, denn wir wollen ja nicht noch länger beim Grenzposten stehen.

Der eine Soldat ist keine 18 Jahre alt und fuchtelt mit seiner MP herum, auf die er sehr stolz ist. Wir haben nur Angst, dass er sich aus Versehen selbst erschießt.

Bis Amman folgt eine Straßensperre der anderen und die Umgebung gleicht einem Heerlager.

Jetzt sind aber unsere beiden Mitfahrer nützlich, denn wir kommen problemlos durch alle Kontrollen.

Als uns dann aber der andere Soldat den Inhalt seiner Reisetasche zeigt, nämlich Handgranaten, sind wir heil froh, als sie uns verlassen.

In Amman lernen wir zwei Jordanier kennen, die in Deutschland waren und sie zeigen uns die Stadt und spendieren uns hinterher bei sich zuhause einige Araks, Anisschnaps.

Später gehen wir mit ihnen zusammen zu einem Basar der Pfadfinder, wo alles Mögliche verkauft wird.

Wir schlafen in der Jugendherberge.

Um 8 Uhr holt uns Viktor, einer der Jordanier, ab, und wir fahren zum Innenministerium, um die Anträge für den Besuch Israels zu stellen.

Die Bearbeitung soll eine Woche dauern, deshalb wollen wir uns noch Petra ansehen.

Petra ist wirklich toll, einer der interessantesten Punkte der Erde.

Wir wandern durch eine schmale, rund zwei Meter breite lange Schlucht, als sich plötzlich die hohen roten Felswände öffnen und den Blick auf die ersten in den Fels gehauenen Gräber und Kirchen freigeben.
Die Eingänge und Portale sind vor den Fels gebaut, der Rest ist im Fels.
Die roten und gelben Farben des Sandsteins sind beeindruckend und gaukeln überall in der Landschaft Malereien vor.
Später öffnet sich das Tal.

Vor den vielen Gebäuden ist aber leider nur noch ein Amphitheater einigermaßen erhalten.

Irgendwann ist Ede verschwunden, leider hat er unser Portemonnaie bei sich, so dass wir nicht einmal etwas zu trinken kaufen können. Zwar nicht schlecht, wenn wir diesmal bei seinen Fotoorgien nicht warten müssen, aber Durst ist Durst.

Ede < Es gab zwar Cola, aber bei den gewaltigen Besucherzahlen (wir sind fast alleine), muss diese mindestens drei Jahre alt und ungekühlt in der Sonne leckere 40° erfrischend kühl gewesen sein. >

Apropos meckern: Udo ist mit seinem Henkerfahrstil doch glatt zweimal in Kurven auf die linke Fahrspur gekommen. Zum Glück war beim ersten Mal kein Abgrund neben der Kurve und das andere Mal wich uns ein entgegenkommender LKW ebenfalls nach links, also auf unsere eigentliche Fahrspur aus.

Am nächsten Abend sind wir in Aqaba am Roten Meer. Ganz nahe sehen wir die Lichter von Eilat.
Im Dunkeln suchen wir uns einen Nachtplatz.
Als wir aufwachen, merken wir, dass wir gemütlich zwischen Bunkern und Unterständen stehen, kurz vor dem verminten Grenzstreifen.
Der Krieg muss bis nach dem Frühstück warten.
Anschließend fahren wir weiter ans Meer und dann die Tauchsachen raus und nichts wie hinein.
Es ist phantastisch, wie Tauchen im Aquarium. All die bunten Fische und Korallen um uns herum.
Sogar einen Feuerfisch sehe ich, wir halten aber beide respektvollen Abstand.
Wir packen uns einige abgebrochene Korallen als Andenken ein.
Leider sehen wir auch einige Ölfladen durchs Wasser treiben.

Es wird Zeit weiter zu fahren, aber wir wollen noch das Wadi Ram ansehen, wo teils der Film "Lawrence von Arabien" gedreht wurde.

Nach der angegebenen Kilometerzahl biegt Ede in einen Feldweg ein, der aber immer schlechter wird.

Schließlich fragen wir ein paar Beduinen, die aber in die Richtung zeigen, aus der wir kommen.

Also machen wir kehrt.

Wieder auf der Asphaltstraße fahren wir auch noch ein Stück zurück und was sehen wir, einen großen Wegweiser zum Wadi.

Nanu. Muss vorhin noch nicht da gewesen sein.

Leider können wir ins Wadi Ram selbst nicht rein, es ist nur für Geländewagen erlaubt.

Wir lassen den Eindruck von weitem auf uns wirken, was auch schon schön ist, dieses breite Sandtal zwischen den Bergen.

Am Abend sind wir wieder im Amman.

Als wir vom Essen zum Bus zurückkommen, rufen uns zwei Typen von einem Balkon auf Deutsch zu und laden uns auf einen Drink ein.
Ede, Udo und ich folgen der Einladung.
Freddy und Nain sind zwei Palästinenser, die wegen Zuhälterei schon mehrmals aus Deutschland ausgewiesen worden waren und einen guten Drink servieren.

Sehr spät fahren wir zur Jugendherberge in ihrer Nähe im Bus zu schlafen.
Was heißt hier schlafen? Das ganze Auto stinkt nach totem Fisch von den Korallen, die wir mitgenommen haben.
Morgen kommen sie aufs Dach.
Oder sind das Werners Socken?

Da klopft es am Morgen an unser Auto und ein Araber steht mit Frühstück vor der Tür und serviert Tee, Käse und Brot.
Wir parken vor seinem Haus und sind seine Gäste.
Was ein gastfreundliches Volk.

Viel zu westlich

Dann treffen wir uns wieder mit Viktor der uns begleiten
will, um unsere Genehmigung abzuholen.
Nach drei Stunden, zwischendurch Essen wir und bringen
was fürs Ministerium zur Kriminalpolizei, sind wir fertig,
verstauen die Korallen auf dem Dach und fahren in
Richtig Israel.
Nach einiger Zeit taucht das Tote Meer auf und dann ist
die Straße an einem Schlagbaum zu Ende.
Wir kehren um und finden etliche Kilometer weiter den
richtigen Übergang.
Allerdings hat die Grenze am Samstag nicht auf und wir
müssen bis morgen warten.
Also noch mal ans Tote Meer, baden, ohne unter gehen zu
können.
Bah, wie salzig.

Um acht macht der Posten auf, um acht sind wir da.
Die jordanische Abfertigung geht schnell, aber man sagt
uns gleich, dass uns die Israelis wohl nicht mit Auto
durchlassen werden.
Da wir keinen logischen Grund dafür sehen, fahren wir
über die Allenby Brücke.
Aber dann geht es los.
Die Israelis ziehen eine Schau ab.
Zuerst muss unser Auto zurück auf jordanisches Gebiet.
Dann dürfen zwei von uns mit dem Pendelbus wieder
zum Grenzposten.
Hier müssen wir einen Antrag stellen, auf Einfuhr eines
Fahrzeuges, der nach Jerusalem weitergegeben wird.

Wir warten eine Stunde um dann zu erfahren, dass er abgelehnt wurde. Zum Trost erfahren wir auch, dass noch nie einer genehmigt worden sei, es sei denn man stellt den Antrag in seinem Heimatland und hat sehr gute Beziehungen.
Wir fragen uns allmählich, warum wir es uns mit den Arabern wegen der Israelis verderben?

Also stellen wir unser Auto beim jordanischen Grenzposten ab und fahren mit dem Bus nach Israel.
Die Grenzabfertigungsanlagen erinnern an unsere Volksgenossen. Pass Abfertigung, Zoll, Leibesvisitation und das alles inmitten von Stacheldraht und Sichtblenden.
Na ja, wie München zeigt, ist das wohl nötig.

Wir überstehen alles und nehmen ein Taxi nach Jericho, wo der Bus nach Jerusalem abfahren soll.
Wir haben uns informiert, dass das Taxi zwei israelische Pfund pro Kopf kosten soll. Der Fahrer fordert allerdings hemmungslos 30 Pfund.
Wir geraten ziemlich aneinander, aber da wir schon in Jericho sind, muss er sich schäumend fügen.

In Jerusalem übernachten wir in der Jugendherberge.
Ganz schön teuer, dieses Israel.

Heute ist ein fürchterlich kultureller Tag, den wir auf uns nehmen.
Für jede Gelegenheit und Glauben gibt es eine andere Kirche. Wenn wir bibelfest wären, käme uns vieles nicht nur irgendwoher bekannt vor.

Beeindruckend ist zumindest der Haupttempel mit der
goldenen Kuppel.

Gar nicht auf
unserer Linie
liegt aber
dafür die
Klagemauer.
Plötzlich
fangen alle
an zu
schreien und
wir denken
schon, das
goldene Kalb wird gebracht, aber es ist nur wieder eine
Thorarolle.

Wir gehen sogar auf den
Ölberg.

In einem Krankenhaus
bekommt man fürs
Blutspenden 35 Pfund, wird
uns dort gesagt, aber heute ist
es schon zu spät.
Also sind wir am Morgen
wieder da und lassen uns
anzapfen.
Plötzlich will der Arzt uns nur noch 30 Pfund für unseren
Lebenssaft zahlen und wir geraten gewaltig aneinander.
Als wir verkünden, nur noch für Araber Blut zu spenden,
behält er zwar unser Blut, bekommt aber wenigstens fast
einen Herzinfarkt.

Anschließend sehen wir uns noch das moderne Jerusalem an, Knesset uns so weiter.

Andenken kaufen wir keine.

Das einzige typische Souvenir wäre unserer Meinung nach eine aufgehaltene Hand gewesen. Die kann man sogar kaufen. Uns gefällt sie aber nicht und vielleicht ist sie auch anders gemeint, als wie wir es inzwischen verstehen.

In Jericho erfahren wir, dass die Grenze zurück nach Jordanien bereits um 13 Uhr zu gemacht hat.

Wir aber haben schon unser ganzes israelisches Geld, bis auf den Preis für das Taxi, zurückgetauscht.

Was nun?

Bei der Polizei will man uns nicht bis morgen einsperren und als wir an einem israelischen Zeitungskiosk fragen, wo man hier übernachten kann, bietet dieser uns zwar seinen Kiosk an, will aber dafür Werners Fotoapparat.

So suchen wir uns am Stadtrand eine Schlafstelle auf dem Dach eines im Bau befindliches Hauses. Es ist ja zum Glück warm.

Als wir fast am Einschlafen sind, kommt ein Araber, der Nachtwächter, und bringt uns ein paar Decken und Matratzen.

Er selbst schläft dann auch auf dem Dach.

Sagte ich schon, dass die arabische Gastfreundlichkeit beneidenswert ist.

Die letzte Etappe

An der jordanischen Grenzstation sehen wir eine
Wasserpumpstation.
Ein dickes Rohr ragt aus einer Wand und ergießt einen
gewaltigen Wasserschwall in eine große Tonne, die dann
in einen Bach überläuft.
Wir nehmen mit Duldung der Grenzer ein erfrischendes
Duschbad. Es ist göttlich bis zum Bauch in der Tonne zu
stehen und das kalte Wasser trommelt auf uns herunter.

Wir fahren weiter zum Toten Meer und baden dort.
Es ist schon eigenartig, dass man nicht untergeht.
Ede liegt auf dem Rücken und liest Zeitung beim Baden.

Wir bleiben aber nicht lange, denn wir wollen noch zur
deutschen Botschaft, um uns wegen der Visa für Syrien
zu erkundigen.

In der Botschaft kann man uns aber keine genaue
Auskunft geben, wir sollten es halt versuchen.
Das muss ein Strafposten hier sein.

Wegen Ramadan finden wir kein offenes Restaurant und
tuckeln deshalb gleich weiter zur Grenze.
Zwei andere Deutsche warten schon seit zehn Stunden.
Am nächsten Morgen geht es aber schnell.
Jedenfalls bis zum Zoll.
Unser Carnet ist bis zum 12. Oktober gültig.
Wir sind der Meinung, inclusive dem 12, die Zöllner
exklusive.
Damit stehen wir dumm da.
Immerhin bekommen wir nach einigem Palaver eine
Genehmigung für die vorübergehende Einfuhr eines
Fahrzeuges für die Dauer von 15 Tagen.
Da wir eh nur ein Visum für drei Tage haben, ist das o.k.
Die Araber beweisen sich mal wieder als viel zuvor-
kommender als die Israelis.

Gegen Mittag sind wir in Damaskus.
Wir besichtigen die Omaijaden Moschee.

Sie gleicht mehr einer Basilika,
was sie auch früher war, und
gefällt uns sehr gut.
Sie ist so viel ich weiß, ziemlich
einmalig.
Ein Basarbummel rundet den Tag
ab, bevor wir nach Homs weiter-
fahren.

Heute besichtigen wir das Crak des Chevaliers, eine sehr gut erhaltene und gewaltige Kreuzritterburg.

Die Straße dorthin führt sechs Kilometer durch den Libanon, es ist aber leider nicht möglich abzubiegen und in den Libanon zu fahren.
So sehen wir uns nur die Burg an und fahren weiter nach Aleppo.
Die Zitadelle, die sehenswert sein soll, ist aber geschlossen und wir henkern bis in die Türkei weiter.

In Selifke am Mittelmeer machen wir einen Tag Pause.
Diese Bucht kennen ich und Werner von einer früheren
Reise her, als ich mir dort den Fuß zerschnitten hatte.
Zum Glück brauchen wir diesmal kein Krankenhaus, das
damals zur Operation nicht einmal ein Betäubungsmittel
hatte.

Wir fahren die Nacht weiter durch bis Istanbul.
Immer wieder eine der tollsten Städte der Welt und wir
zeigen sie diesmal ausführlich Ede und Udo und genießen
wieder die Mischung aus Orient und Europa.
Kultur, Basare, Menschengewimmel pur.
Wir essen Fisch in einem kleinen Restaurant unter der
Galatabrücke, trinken Raki, türkischen Kaffee und dazu
süßes in Öl gebackenes Gebäck.
Köstlich und das mit Blick auf die Schiffe, die vielen
Menschen und das tolle Stadtbild Istanbuls.

Der Stall zieht, weiter geht es.
Da wir kein griechisches Geld haben, es ist zu spät zum
Tauschen, fahren wir durch.

In Jugoslawien braten wir Bouletten als Fahrtproviant für
morgen. Der Autoput wartet.
Wir wollen durchbrettern.

Da fährt man tausende Kilometer mit einem kaputten
Abblendlicht, denn wir haben ja unsere Halogen auf dem
Dach, und ausgerechnet jetzt am Schluss bekommen wir
hier deshalb noch eine Strafe von zehn Mark von einem
Polizisten aufgebrummt.

Österreich, wir bauen die Halogenscheinwerfer ab und verpacken unsere Andenken etwas tiefer.

An der Deutschen Grenze geben wir an, wir kämen aus Italien.
Wenn die Afghanistan oder Nepal hören, nehmen die unser Auto wegen Haschisch auseinander, das wir zwar nicht mithaben, aber das ist hinterher auch kein Trost, wenn das Auto zerlegt ist.
"Fahren Sie doch mal dort an den Rand", heißt es trotzdem.
Uns ist ganz mulmig.
Der Zöllner sieht flüchtig in alle Kästen im Bus und dann wecken die Kisten auf dem Dach sein Interesse.
Die Kisten mit den Korallen und Muschel!
Korallen im Mittelmeer?
Wir müssen eine öffnen.
Zum Glück hat der Zöllner aber in der Schule in Biologie gefehlt, denn er bewundert unsere italienischen Korallen mit angehaltenem Atem.
Vielleicht ist er schon zufrieden, dass bei dem Gestank keine Leiche in der Kiste ist.
Dafür hilft er uns dann auch, den Bus anzuschieben.
Wiedermal.

Nach rund 30.000 Km und dreieinhalb Monaten sind wir wieder in Berlin und haben immerhin noch zusammen 13.50 DM in der Kasse.

Hartmut Roderfeld wurde 1949 in Erfurt geboren und wuchs in Berlin auf, wo er Werbung studierte.

Seit 1980 lebt er in Hamburg. Er arbeitete u.a. für CBS-News und realisierte Kinder-Hörspiele, bei denen er auch Regie führte.

Für den Deutschen Entwicklungsdienst war er in Deutschland unterwegs, um auf Messen und Aus-stellungen Entwicklungshelfer anzuwerben und arbeitete als Pressereferent bei der Hamburg Messe und Congress GmbH.

Er war Geschäftsführer einer Werbeagentur für technische Geräte und Systeme, aber immer wieder machte er einen Schnitt und zog los.

Er durchquerte Afrika und mehrmals die Sahara, fuhr zwei Jahre durch Nord- und Mittelamerika.

Außerdem bereiste er unter anderem Asien, Australien und Bolivien.

Als seine schönste „Arbeit" bezeichnet er die Zeit, als er seine Tochter groß zog.

Zuletzt arbeitete er als Journalist.

Weitere Bücher:

Das Bäckerauto.
30.000 Meilen durch die USA, Kanada, Mexiko, Belize und Guatemala.
1988/ 89. Zwei Jahre mit seiner Frau, im selber in den USA ausgebautem Wohnmobil, einem ehemaligen Bäckerauto.
ISBN 9783744802765

Irgendwie durch Afrika.
1975. Ein Jahr, von Berlin bis Kapstadt.
Erst mit einem VW-Bus, dann mit allem, was sich vorwärts bewegte.
Zwei junge Männer erfüllen sich einen Traum.
Incl. Kostenbuch und Romananfang.
ISBN 9783746033990

Ein Jahr durch Afrika.
2.Auflage von Irgendwie durch Afrika.
Ohne Fotos.
ISBN 9783752805383

FSC
www.fsc.org
MIX
Papier aus ver-
antwortungsvollen
Quellen
Paper from
responsible sources
FSC® C105338

Hartmut Roderfeld
h.roderfeld@gmx.de

© 2019
Herstellung und Verlag: BoD – Books on Demand,
Norderstedt.
ISBN: 9783749433346